글 장 앙리 파브르 그림 실비 베시 옮긴이 구용우

# 파브르가 사랑한 곤충

그림과 함께 간추려 읽어 보는 파브르 곤충기

그린북

# 차례

## 장 앙리 파브르 • 9
간략한 일대기

## 아르마스 곤충연구소 • 11
2권 1장

## 진왕소똥구리 • 13
1권 1장

## 기생쉬파리 그리고 사냥벌들의 고치 • 23
1권 18장

## 붉은불개미 • 29
2권 9장

## 사마귀 • 39
사냥_ 5권 18장 • 39
사랑_ 5권 19장 • 42

## 소나무행렬모충나방 • 45
둥지와 사회_ 6권 19장 • 45
행진_ 6권 20장 • 46
나방의 탄생_ 6권 22장 • 54

## 공작산누에나방 • 59
7권 23장

## 세줄호랑거미 • 63
8권 22장 • 63
거미의 진동기, 거미줄_ 9권 9장 • 66

## 나르본느타란툴라 • 71
8권 23장

**일러두기** _ 이 책에 실린 곤충 이름은 김진일 곤충학자가 완역한 《파브르곤충기1~10》를 기준으로 표기하였습니다.

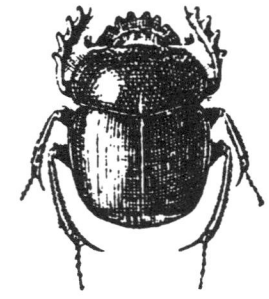

### 진왕소똥구리 • 13
1권 1장

**학명-** *Scarabaeus sacer*
- 문 : 절지동물
- 강 : 곤충강
- 목 : 딱정벌레목
- 과 : 소똥구리아과

진왕소똥구리는 대형 초식 동물의 배설물을 먹는 곤충이에요. 소똥으로 종종 자기 몸집보다 더 크게 똥 경단을 만드는 것이 특징이랍니다. 똥 경단은 땅굴까지 굴려서 가져가요. 그러고는 땅굴에서 알을 낳는데, 애벌레들도 똥을 먹고 자라요.

### 코벌 • 23
1권 16장

**학명-** *Bembix*
- 문 : 절지동물
- 강 : 곤충강
- 목 : 벌목
- 과 : 구멍벌과

코벌은 땅을 파는 곤충이에요. 땅을 파서 여러 개의 구멍을 만들어 집을 지어요. 한 구멍에 한 마리씩 애벌레를 넣어 두고 기르지요. 암컷 코벌은 새끼들에게 다른 곤충을 잡아다 먹이로 먹여요. 먹보 애벌레들이 먹이를 다 먹을 때마다 새로운 먹이를 계속 넣어 줘요.

### 기생쉬파리 • 24
1권 18장

**학명-** *Tachinidae*
- 문 : 절지동물
- 강 : 곤충강
- 목 : 파리목
- 과 : 기생파리과

종류가 1만 종이 넘는 쉬파리는 파리목, 일반적으로는 파리라고 불리는 곤충이에요. 암컷 쉬파리는 다른 곤충의 집에 알을 낳아요. 그러면 쉬파리의 애벌레들은 다른 곤충의 애벌레들이 먹어야 할 먹이를 빼앗아 먹고 자라요. 먹이를 빼앗긴 다른 곤충의 애벌레들은 굶어 죽고 말아요.

### 붉은불개미 • 29
2권 9장

**학명-** *Polyergus rufescens*
- 문 : 절지동물
- 강 : 곤충강
- 목 : 벌목
- 과 : 개미과

붉은불개미는 솔잎과 마른 낙엽으로 둥근 지붕 형태의 집을 지어요. 공격적인 습성이 있어서 개미산을 뿌리거나 적을 물어서 상처 위에 개미산을 묻히기도 해요.

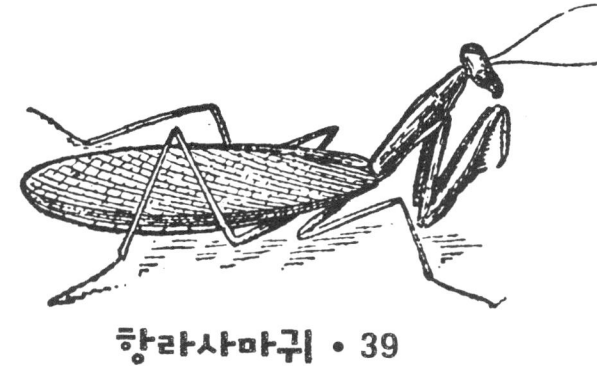

**학명**- *Mantis religiosa*
- 문 : 절지동물
- 강 : 곤충강
- 목 : 사마귀목
- 과 : 사마귀과

사마귀는 머리를 180도 돌릴 수 있어요. 그래서 몸을 움직이지 않고도 먹이를 지켜볼 수 있지요. '곤충의 왕'으로도 불리는 만큼 대식가여서 살아 있는 곤충뿐만 아니라 작은 새나 박쥐같이 자기 몸집보다 큰 동물들도 먹어 치운답니다.

**항라사마귀 · 39**
5권 18장

**소나무행렬모충나방 · 45**
6권 19장

**학명**- *Thaumetopoea pityocampa*
- 문 : 절지동물
- 강 : 곤충강
- 목 : 나비목
- 과 : 타우메토포이이다이과

소나무행렬모충나방 애벌레의 몸은 따끔따끔하고 알레르기를 일으킬 수 있는 털로 덮여 있어요. 따끔한 털 부분은 작은 주머니들로 이루어져 있는데, 주머니 안에는 무수히 많은 미세한 침이 들어 있어요. 위험하다고 느끼면 이 미세한 침을 분출시키지요. 침을 맞은 곤충의 몸속에서 미세한 침이 부서지며 독을 퍼트려 알레르기를 일으켜요.

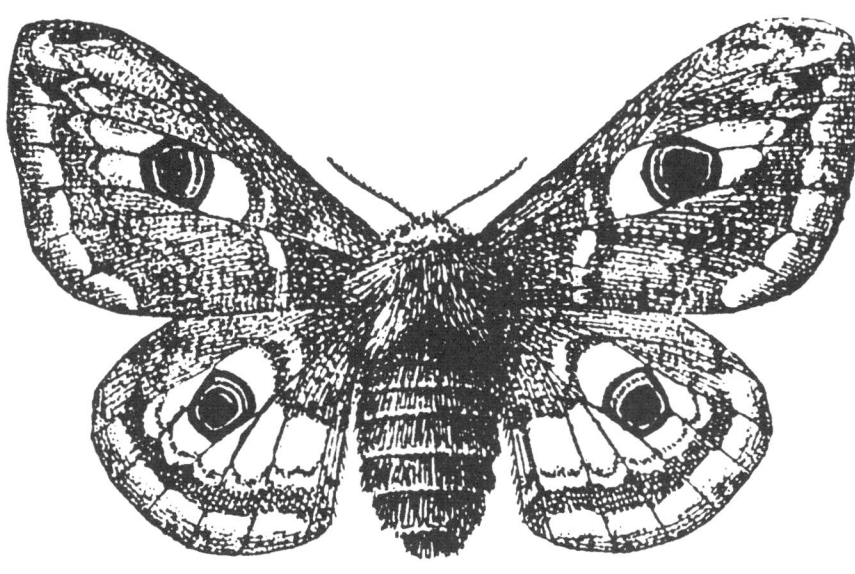

**학명**- *Saturnia pyri*
- 문 : 절지동물
- 강 : 곤충강
- 목 : 나비목
- 과 : 산누에나방과

날개를 편 길이가 20cm에 달하는 공작산누에나방은 유럽에서 가장 큰 나방이에요. 먹이는 잘 먹지 않아요. 살아 있는 기간이 1주일 정도로 매우 짧으며, 필요한 시기에만 먹이를 먹어요. 바로 번식을 할 때지요!

**공작산누에나방 · 59**
7권 23장

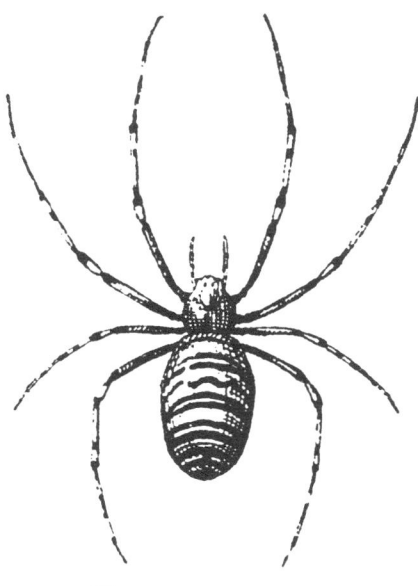

**학명**- *Argiope bruennichi*
- 문 : 절지동물
- 강 : 거미류
- 목 : 거미목
- 과 : 왕거미과

세줄호랑거미는 노란색과 검은색 줄무늬가 있어서 호랑무늬거미로도 불려요. 거미줄에 숨어 있을 때 이 무늬 덕분에 먹잇감이 될 곤충들의 눈에 덜 띄어요. 이른 아침이나 늦은 저녁에 한 시간 정도 걸려서 거미줄을 만든답니다.

**세줄호랑거미 · 63**
8권 22장

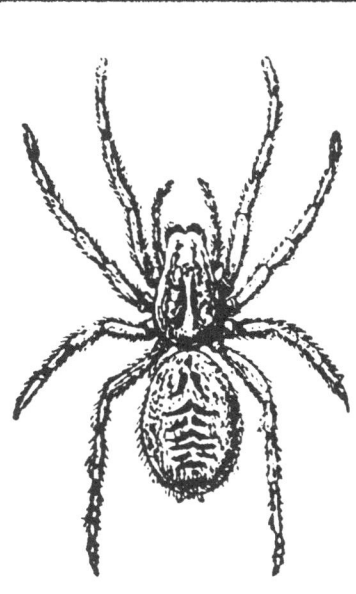

**학명**- *Lycosa narbonnensis*
- 문 : 절지동물
- 강 : 거미강
- 목 : 거미목
- 과 : 늑대거미과

이름으로 더 유명한 이 인상적인 나르본느타란튤라는 다리들을 제외한 몸길이가 3cm에 달해요. 사람들은 나르본느타란튤라에 물리면 혼수상태에 빠져 죽게 된다고 오랫동안 믿어 왔어요. 하지만 최근에 나르본느타란튤라의 독이 사람에게는 무해하다는 사실이 알려졌지요.

**나르본느타란튤라 · 71**
8권 23장

# 장 앙리 파브르

## 간략한 일대기

장 앙리 파브르는 1823년 12월 21일 프랑스의 아베롱주 생레옹에서 태어났어요. 파브르는 어렸을 때부터 뛰어난 관찰력으로 자연이 얼마나 풍요로운지 깨달았어요. 책 읽기를 좋아해서 라퐁텐의 우화집을 즐겨 읽으며 알파벳을 공부했어요. 19세에 교사가 된 파브르는 교실에만 머무르지 않고 야외에서 수업을 하고는 했어요. 곤충학, 수학, 식물학, 동물학 등 모든 것에 관심이 많았지요. 그 뒤 곤충 연구에 몰두하기로 했어요.

1857년부터는 아예 곤충에 푹 빠져서 곤충의 습성 하나하나를 아주 자세히 기록했어요. 아카데미 프랑세즈 상을 받은 이후로도 많은 상을 받고 두 번이나 노벨 문학상 후보에 오르기도 했어요. 1866년에는 아비뇽 자연사박물관 관장으로도 활동했답니다.

그러던 중 1867년에 변화가 찾아왔어요. 당시 교육 방식에 실망한 파브르는 학교를 떠나 자연 과학에 대한 지식과 사랑을 책에 담기로 했어요. 그래서 자연을 관찰하며 많은 시간을 보냈어요. 그로부터 9년 뒤, 《파브르 곤충기》 시리즈의 제1권을 집필했고 이후에도 어린이들을 위해 80권 이상의 책을 냈답니다.

1879년 파브르는 프랑스 남동부의 도시인 오랑주에 훗날 아르마스(Harmas, 남프랑스의 프로방스어로 '황무지'라는 의미) 곤충 연구소를 마련했어요. 자연과 곤충학을 위한 살아 있는 연구소였지요. 이 연구소에서 파브르는 관찰에 필요한 신기한 기구들을 만들어 냈고, 《파브르 곤충기》 시리즈의 나머지 9권도 탄생시켰어요. 1913년에는 레몽 푸앵카레 프랑스 전 대통령이 90세가 된 파브르에게 존경을 표하기도 했답니다.

그로부터 2년이 채 되지 않은 1915년에 세상을 떠났지만 파브르는 100년이 넘도록 곤충을 사랑하는 모든 이들에게 좋은 본보기가 되고 있어요.

과학 역사학자이자 작가인 장 로스탕은 파브르에 대해 "철학자처럼 생각하고 예술가처럼 관찰하며 시인처럼 표현하는 위대한 학자이다."라고 말하기도 했어요.

# 아르마스 연구소
## -2권 1장

나(장 앙리 파브르)는 여기에서 지내요. 프랑스 남쪽 끝자락, 인적이 드물고 메마르며 뙤약볕이 쏟아지는 곳이지요. 이곳에서는 드나드는 사람들에게 방해받을 걱정 없이 나나니벌과 조롱박벌을 관찰할 수 있어요. 또한 여러 실험 계획들을 적극적으로 세우고 곤충들의 삶에 끼어들면서 매일 그리고 매 순간 실험 결과를 얻을 수 있어요. 그것도 오랜 시간 멀리 이동하거나 집중력이 떨어질 때까지 힘들게 뛰어다닐 필요 없이 말이에요. 그래서 이곳은 나에게 소망의 장소이자 꿈의 장소랍니다.

누구도 작은 씨앗 하나 뿌리고 싶어 하지 않는 척박한 땅이지만 이곳은 벌목(Hymemoptera) 곤충들의 천국이에요. 나는 하루가 다르게 성장하는 엉겅퀴와 수레국화를 찾아오는 벌을 만나러 이리저리 돌아다녀요. 곤충을 채집하면서 이렇게 많은 벌이 한데 모인 곳은 처음 봐요. 벌들은 모두 약속한 듯 일에 몰두하고 있지요. 온갖 먹이를 사냥하고, 흙으로 집을 짓고, 고치를 만들고, 나뭇잎이나 꽃잎 조각들을 붙이고, 판지로 건축을 하고, 흙을 반죽해 바르고, 나무로 뭔가를 만들고, 땅속에 굴을 파고, 잔일을 도와요. 이 중에서 내가 할 줄 아는 것은 무엇일까요?

죽은 곤충이 아닌 살아 있는 곤충을 연구하는 곳이야말로 진정한 연구소예요. 농업과 철학이 반드시 고려해야 하는 작은 곤충의 세계에서 이곳은 녀석들의 본능, 습성, 생태, 일, 싸움, 번식 등에 대해 알려 주는 연구소이지요.

이것이 살아 숨 쉬는 곤충을 위한 연구소를 연 이유랍니다.

> 식물원이 딸려 있는 아르마스 연구소는
> 현재 프랑스 국립자연사박물관 소속의 박물관이 되었어요.
> 이곳은 장 앙리 파브르와 파브르의 연구들에 바치는 박물관이에요.

# 진왕소똥구리
-1권 1장

"저 소똥은 내 거야!"
 해가 뜨거워지기 전에 수많은 곤충이 여기저기서 모여들어요. 크고 작은 온갖 곤충들. 각양각색의 곤충들이 선물을 나눠 갖기에 바빠요. 신선한 소똥은 메마른 들판에서 만나기가 무척 어려워서 곤충들에게는 하늘에서 떨어진 선물과 같답니다. 똥 냄새가 1km 멀리까지 사방으로 퍼지면 모든 곤충이 똥 냄새를 따라 선물을 가지러 달려와요. 지각한 곤충들도 하늘과 땅에서 속속 도착해요.
 늦을세라 똥 더미를 향해 부지런히 기어 오는 곤충이 보이나요? 가슴을 졸이며 갈색 더듬이를 쫙 편 채 성큼성큼 긴 다리로 기어 와요. 열심히 기어서 다른 경쟁자들을 제치고 드디어 도착했어요. 누구냐고요? 검은 옷을 차려입은 진왕소똥구리예요. 진왕소똥구리는 소똥구리 친구들 중에서 가장 크고 유명하답니다. 진왕소똥구리가 똥 더미 앞에 자리를 잡아요. 크고 편편한 앞다리로 조금씩 똥 구슬을 만들어 경단만큼 커지면 식사를 즐기러 집으로 굴려서 갖고 돌아가지요.

왕소똥구리의 머리끝에는 머리 방패가 달려 있어요. 넓고 편편한 머리 방패는 6개의 톱니가 달려 있으며, 부채꼴 모양이에요. 왕소똥구리(이하 소똥구리라고 함)는 이 머리 방패를 이용해 무언가를 파내거나 잘라 내요. 톱니 모양 덕분에 필요하지 않은 풀을 들어 올려 버릴 수 있고 먹이를 찾거나 모을 때도 훌륭한 도구가 된답니다.

앞다리는 똥 구슬을 만드는 데 매우 중요해요. 머리 방패로 한 아름 긁어모은 똥을 배 밑을 통과해 4개의 뒷다리 사이로 보내지요. 뒷다리가 여러 개여서 똥을 더욱 잘 굴릴 수 있어요.

햇볕이 강해지면 소똥구리들은 더욱 바빠져요. 얼마나 열심히 똥 경단을 만드는지 놀라울 정도예요. 작은 구슬만 했던 똥 경단이 이제 호두만 해졌어요. 조금만 더 지나면 사과만큼 커질 거예요.

이제 똥 경단이 완성됐어요. 소똥구리는 바로 길을 떠나요. 긴 뒷다리로 똥 경단을 안고 발톱으로 경단을 고정해서 움직이지 않도록 잘 잡고요. 가운뎃다리로 몸의 중심을 잡고 톱니 같은 게 달린 앞다리를 지렛대 삼아서 한 발 한 발 땅을 짚어요. 머리는 아래로 향하고 꽁무니는 치켜세운 채로 똥 경단을 굴리며 꽁무니 쪽으로 전진해요. 소똥구리의 뒷다리는 이동하는 데 매우 중요한 역할을 해요. 경단에 고정할 발톱의 위치를 옮기면서 다리를 왔다 갔다 반복해서 움직여요. 그러면 경단을 잘 굴릴 수 있고 중심도 잘 잡을 수 있어요. 이렇게 왼발 오른발 바꿔 밀면서 앞으로 나아가요.
'힘을 내렴! 괜찮아, 잘하고 있어.'

힘들겠지만 무사히 도착할 거예요. 소똥구리는 언덕길을 가로질러 가요. 이러다 묵직해진 똥 경단이 언덕 아래로 굴러 떨어지겠어요. 하지만 소똥구리는 언덕길을 가로지르는 것을 좋아해요. 헛디디거나 모래알 때문에 균형을 잃어 실패할 수도 있지만 소똥구리는 대담하답니다. 발을 헛디뎌 똥 경단이 구덩이에 빠지고 말았어요. 잡고 있던 똥 경단이 떨어지는 바람에 소똥구리도 같이 고꾸라

져 다리를 떨고 있어요. 다시 힘을 내서 똥 경단을 굴리기 시작해요. 전보다 더 열심히 똥 경단을 굴려요.

'조심해. 좀 진정하렴. 언덕길 사이로 지나가 봐. 그럼 덜 힘들고 고된 일도 없을 거야. 이쪽에 평평한 길이 있어. 똥 경단이 이쪽으로 알아서 굴러갈 거야.'

하지만 소똥구리는 기어코 힘들기만 한 언덕길을 기어 올라가려나 봐요.

'그럼 이 오솔길로 가자. 언덕이 높지 않아서 저 높이까지 올라갈 수 있을 거야.'

도무지 말을 듣지 않네요. 고집쟁이 소똥구리는 오를 수 없을 정도로 가파른 언덕길을 더 좋아한답니다. 그리스 신화에 나오는 시시포스의 바위처럼 자꾸 떨어지는 똥 경단을 가지고 다시 기어 올라가기 시작해요. 묵직한 똥 경단을 가지고 조심조심 조금씩 힘들게 높은 곳까지 기어 올라갔어요. 물론 뒷걸음으로 말이지요. 이렇게 큰 똥 경단이 언덕에서 다시 굴러내려 오지 않으려면 기적이 필요지도 몰라요.

앗! 실수로 그동안의 노력이 수포로 돌아가고 말았어요. 똥 경단이 굴러 떨어져 버렸어요. 하지만 다시 기어 올라가요. 재빨리 다른 언덕길로 올라가네요. 소똥구리의 도전은 계속돼요. 이번에는 어려운 길도 잘 헤쳐 나가요. 앞에서 넘어진 친구들 때문에 거친 잔디 뿌리도 조심스럽게 피해 가요. 이전에 넘어진 적이 있던 곳이지요. 조금 더 소똥구리를 지켜보아요. 방해가 되지 않게 최대한 조용히 하고요. 언덕이 매우 높아요. 어떤 사소한 것이라도 소똥구리에게는 모두 장애물이 될 수 있어요.

이런! 매끄러운 자갈에 다리가 미끄러졌어요. 똥 경단이 다시 굴러 떨어지는 바람에 소똥구리도 고꾸라졌어요. 그래도 소똥구리는 끈질기게 다시 시작해요. 소똥구리는 어떤 역경에도 지치지 않아요. 역경을 이겨 내고 될 때까지 열 번, 스무 번 계속해서 오르고 굴러 떨어지기를 반복할 거예요.

 소똥구리는 소중한 똥 경단을 혼자서 옮기는 법이 없어요. 친구와 함께 하곤 한답니다. 하지만 이 친구는 초대 받은 손님이 아니에요.

 똥 경단을 몹시 갖고 싶어 하는 이 친구는 소똥구리를 돕기 위해 왔다고 하지만 기회를 틈타 똥 경단을 빼앗으러 온 거예요. 똥을 경단만 한 크기로 만들기는 너무 힘들고 시간이 오래 걸리는 일이라서 완성된 경단을 빼앗거나 같이 나눠 가지는 것이 훨씬 편하기 때문이지요.

 불청객 친구가 나타나자 소똥구리는 자신이 만든 똥 경단에서 한시도 눈을 떼지 않아요. 불청객 친구는 똥 경단을 빼앗을 생각에 신이 나서 참을 수가 없나 봐요. 소똥구리들은 제각기 자신의 방법으로 똥 경단을 붙잡고 있어요. 똥 경단을 만든 소똥구리가 불청객 친구보다 좋은 자리를 차지하고 있어요. 뒷다리는 높게 머리는 낮게 한 채로 뒷걸음질을 하며 똥 경단을 밀어요. 불청객 친구는 맞은편에서 머리는 위로, 긴 뒷다리는 땅에 둔 채 톱니 모양의 앞다리로 똥 경단을 잡아요. 두 소똥구리 사이에서 똥 경단이 왔다 갔다 하네요.

이 두 녀석이 곤경에 처했을 때 어떻게 창의력을 발휘해 빠져나가는지 알아보려고 다음과 같은 실험을 해 봤어요. 벌판에 똥 경단을 미는 녀석과 경단 위에서 꼼짝도 하지 않는 친구 녀석이 있다고 가정해 보아요.

두 녀석은 그대로 두고 똥 경단을 핀으로 고정해서 움직이지 않도록 했어요. 소똥구리는 내가 방해한다는 것도 모르고 물웅덩이나 잡초의 뿌리 또는 돌멩이가 길을 가로막고 있다고 생각하는 것 같아요. 온 힘을 다해서 빠져나가려고 해요. 하지만 똥 경단은 조금도 움직이지 않아요.

"도대체 무슨 일이야? 무슨 일인지 한번 보자."

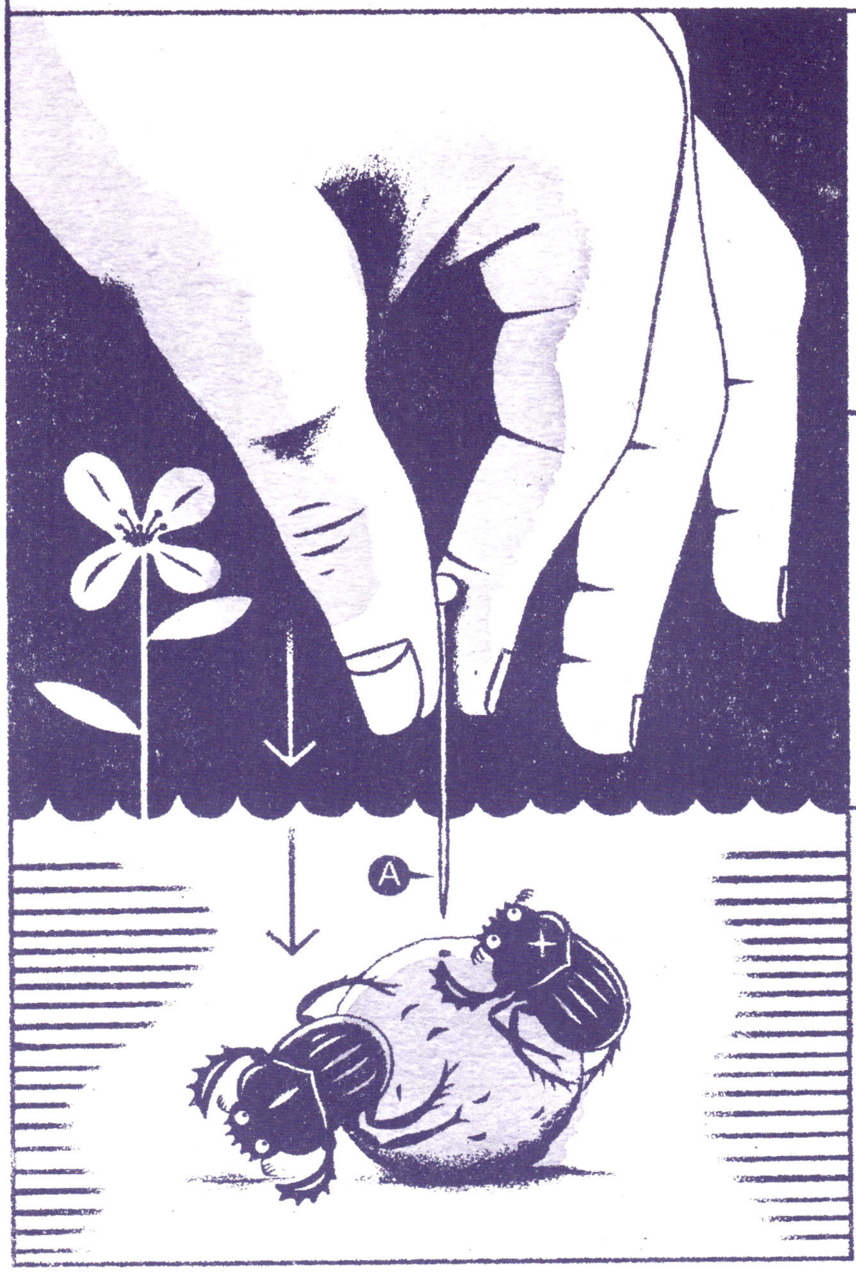

소똥구리는 무엇 때문에 움직이지 않는 것인지 알아내지 못했어요. 뒤로 돌아가 똥 경단을 다시 밀어요. 그래도 똥 경단은 꼼짝도 하지 않아요.

"윗부분을 보자."

위에는 똥 경단에 딱 붙어 있는 친구 말고는 아무것도 없어요. 왜냐하면 핀의 머리가 보이지 않게 똥 경단 안으로 숨겼거든요.

소똥구리는 이 정도로 움직이지 않는 똥 경단을 한 번도 겪어 보지 못했을 거예요.

그때 소똥구리는 똥 경단 위에 딱 붙어서 웅크리고 있는 친구를 보고 문제를 쉽게 해결할 수 있으리라고 생각하고 도움을 청해요. 소똥구리가 친구를 흔들어 이렇게 말하는 것 같네요.
"여기서 뭐 해, 이 게으름뱅이야! 일단 이리 와 봐. 똥 경단이 움직이지를 않아."

마침내 불청객 친구는 이상한 일이 벌어지고 있다는 것을 알아챘어요. 소똥구리가 분주하게 우왕좌왕하고 똥 경단은 움직이지도 않기 때문이지요. 이번에는 불청객 친구가 무슨 일이 일어났는지 살펴보네요.

 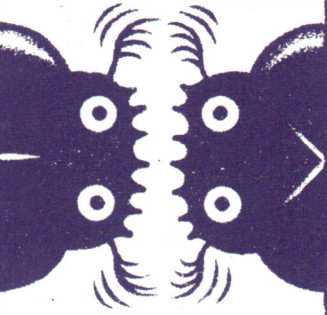  

이제 기지를 발휘해 문제를 해결해요.
"밑에 무슨 일이 있는지 볼까?"

두 소똥구리는 밑을 살펴보고는 똥 경단이 움직이지 않는 원인이 거기에 있었음을 알아내요.

소똥구리들의 토론에 참여할 수 있었다면 "땅을 파서 똥 경단을 고정하고 있는 핀을 빼내야 해."라고 조언해 줬을 거예요. 땅파기 전문가들이라면 가장 일반적이면서도 쉽게 쓰는 방법이지요. 하지만 두 소똥구리는 이 방법을 이용하기는커녕 시도조차 하지 않아요. 사람들이 이용하는 것보다 더 나은 방법을 찾았으니까요.

바로 경단을 밀어 올리는 거예요. 다행히 핀이 길지 않아서 마침내 똥 경단이 핀에서 빠졌어요.

똥 경단을 겨우 구해 냈군요. 비록 핀 때문에 구멍이 났지만요. 다시 똥 경단을 굴리기 시작해요.

똥 경단을 굴리며 가다가 적당한 자리를 찾았어요. 항상 좋은 자리를 차지하며 똥 경단을 거의 도맡았던 주인 소똥구리가 경단에서 내려와 땅을 파기 시작했어요. 똥 경단을 넣어 두고 먹을 집을 만드는 거예요. 소똥구리는 항상 똥 경단을 바로 옆에 두고 있어요. 하지만 아직도 똥 경단 위에 불청객 친구 녀석이 죽은 듯이 딱 달라붙어 있어요.

잠시 후 소똥구리는 땅굴로 사라져요. 땅굴은 크고 깊어서 소똥구리의 모습이 보이지 않곤 해요.

마침내 좋은 기회가 왔어요. 돌처럼 가만히 있던 불청객 친구가 움직이기 시작해요.

불청객 친구는 현장을 벗어나려는 도둑처럼 빠르게 똥 경단을 굴리며 도망가요. 친구의 믿음을 저버리는 것을 보니 화가 나네요. 그렇지만 너무 흥미로워서 보고만 있을 거예요. 일이 잘못 돌아간다면 정의를 수호하기 위해서 언제든 끼어들 수 있으니까요. 똥 경단 도둑이 벌써 몇 미터 멀어졌어요.

똥 경단을 도둑맞은 소똥구리가 땅굴에서 나와 주위를 둘러보니 아무것도 보이지 않네요.

똥 경단을 만든 소똥구리가 급히 쫓아가 도둑을 따라잡았어요. 얌체 도둑은 도와준 것이라는 듯이 자세를 바꿔 뒷다리를 똥 경단에 얹고 톱니 모양의 앞다리로 똥 경단을 안아요.

"이봐! 이 나쁜 녀석! 너는 언덕에서 굴러가는 똥 경단을 잡아서 다시 집으로 가져왔다고 말하고 싶겠지. 나는 이번 사건의 공정한 증인이야. 네가 똥 경단을 밀어서 멀리 가져가는 것을 봤다고. 똥 경단을 훔치려고 한 거 말이야."

똥 경단의 주인은 내 증언은 듣지도 않고 너그럽게도 불청객 친구의 변명을 들어 주네요. 마치 아무 일도 없었다는 듯이 두 소똥구리는 땅굴을 향해 똥 경단을 다시 굴려요.

땅굴이 완성됐어요. 모래같이 부드러운 땅에 깊지 않게 주먹만 한 크기로 굴을 파서 만든 집이에요. 똥 경단이 겨우 들어갈 만한 크기의 작은 구멍이 있어요. 소똥구리가 드나들 문이에요. 똥 경단을 땅굴 속에 넣은 소똥구리는 더 이상 집에서 나오지 않아요. 문을 닫으면 어떤 것도 소똥구리의 파티장을 침범하지 못해요. 이제 즐길 시간이 됐어요. 멋진 세상에서 이보다 더 좋은 순간은 없지요! 한 상 푸짐하게 차려졌어요. 천장에서는 햇볕이 새어 들고 부드럽고 습한 열기만이 느껴져요. 집중도 잘 되고 적당히 어두운 데다 귀뚜라미의 노랫소리 덕분에 소화도 잘 돼요.

감히 이런 행복한 만찬을 누가 방해할 수 있을까요? 하지만 알고자 하면 어떤 일도 할 수 있는 법이에요. 대담하게 한번 방해해 보기로 했어요. 소똥구리의 땅굴을 침범하면 무슨 일이 생기는지 알려 줄게요.

소똥구리는 똥 경단을 갖고 집으로 한번 들어가면 밤낮으로 먹으며 소화될 때까지 밖으로 나오지 않아요. 실험은 간단해요. 소똥구리만의 세상인 땅굴을 열어 보는 거지요.

자 들여다볼까요? 낮 동안에는 만찬을 즐기고 있는 소똥구리를 발견하지요. 그런데 소똥구리 뒤로 뭉치처럼 대충 쌓여 있는 실이 꽁무니에 이어져 있는 게 보여요. 자세히 설명하지 않아도 이 실이 무엇인지 추측할 수 있을 거예요. 큼지막한 똥 경단을 한 입 한 입 먹은 다음 소화를 시켜 반대쪽으로 뽑아낸 거지요.

실을 다 뽑아내면 숨어 지내던 진왕소똥구리는 다시 모습을 드러내요. 행운을 바라며 또 똥을 찾아다니지요. 그러다 똥을 만나면 새로운 똥 경단을 만들기 시작하고요.

## 기생쉬파리 그리고, 사냥벌들의 고치

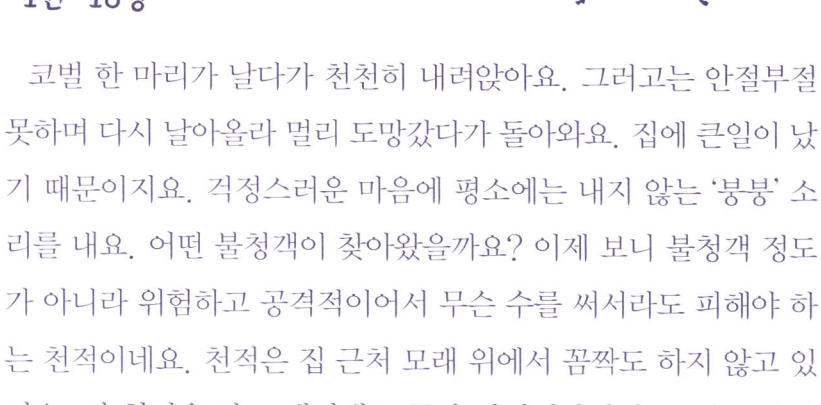

-1권 18장

코벌 한 마리가 날다가 천천히 내려앉아요. 그러고는 안절부절 못하며 다시 날아올라 멀리 도망갔다가 돌아와요. 집에 큰일이 났기 때문이지요. 걱정스러운 마음에 평소에는 내지 않는 '붕붕' 소리를 내요. 어떤 불청객이 찾아왔을까요? 이제 보니 불청객 정도가 아니라 위험하고 공격적이어서 무슨 수를 써서라도 피해야 하는 천적이네요. 천적은 집 근처 모래 위에서 꼼짝도 하지 않고 있어요. 이 천적은 바로 생김새도 못난 기생쉬파리예요. 이 보잘것없는 파리가 코벌에게는 무시무시한 존재랍니다.

코벌이 기생쉬파리를 무서워하는 이유는 따로 있어요. 이제 코벌 집에서 무슨 일이 일어나는지 한번 지켜볼까요? 코벌 어미가 새끼를 위해 힘들게 구해 온 먹이 주변으로 6~10마리의 배고픈 기생쉬파리들이 모여들어 자신들의 집에 있을 때보다 더 느긋하게 뾰족한 주둥이로 먹이를 콕콕 찍어요. 전투기같이 모여든 기생쉬파리들이 먹이를 독차지할 것 같아요. 먹이에 뒤죽박죽으로 달라붙어서는 싸우지도 않고 조용히 먹이를 먹네요.

예상치 못한 큰 문제가 발생하지 않는다면 여기까지는 모두 괜찮아요. 하지만 문제는 이제부터예요. 어미 코벌이 힘이 세다고 해도 이 기생쉬파리들에게는 당해 낼 재간이 없어요. 어미 코벌은 새끼 애벌레 한 마리를 위해서 끝도 없이 사냥을 나가야 해요. 만약 사냥 한 번에 먹성 좋은 애벌레 여러 마리를 먹일 수 있다면 어떨까요? 그렇게 해서 대식구가 된다고 해도 결국 코벌 애벌레들은 굶어 죽을 거예요. 기생쉬파리의 애벌레는 코벌 애벌레보다 성장 속도가 빠르지만 코벌 애벌레는 변태할 때까지 기다려야 해서 그만큼 성장이 느리기 때문이에요.

코벌 애벌레는 번데기가 되기 위해 실을 뽑아내야 하는데, 마음대로 되지 않아요. 먹이를 충분히 먹지 못해서 제대로 자라지 않아 크기가 정상적인 애벌레의 3분의 1 정도이고 너무 허약하고 수척해져서 비단실을 뽑아낼 수 없기 때문이에요. 결국 코벌 애벌레는 행복한 기생쉬파리 애벌레들 속에서 죽고 말 거예요.

기생쉬파리들이 코벌 땅굴에 알을 낳기 위해 어떤 전략을 쓰는지 한번 지켜보아요. 영리한 기생쉬파리는 절대로 코벌 집에 쳐들어가는 법이 없어요. 코벌 땅굴 속으로 실수로라도 들어가지 않으려고 매우 조심해요. 코벌 집에 들어가게 되면 도망칠 방법이 없기 때문이지요. 기생쉬파리들이 참을성 있게 기다리면서 코벌이 먹이를 안고 집으로 들어갈 때를 노려요. 매우 짧은 순간이지만, 코벌 몸의 절반이 땅굴에 들어가 보이지 않을 때 기생쉬파리는 바로 날아올라 삐죽 튀어나온 먹이 위에 내려앉아요. 코벌이 집에 들어가느라 낑낑대며 애를 쓸 때 기생쉬파리는 매우 민첩하게 먹이 위에 한 개, 심지어는 두세 개까지 연이어 알을 낳아요.

코벌이 먹이에 신경을 쓰느라 지체하는 것은 아주 잠깐이에요. 이때는 기생쉬파리에 그다지 신경 쓰지도 않고요. 하지만 기생쉬파리는 그 짧은 순간에 땅굴 안으로 딸려 들어가지 않으면서 충분히 못된 짓을 끝낼 수 있어요. 순식간에 알을 낳을 정도로 기생쉬파리의 신체 기관은 정말 유연해요! 그렇게 코벌이 기생쉬파리의 알과 함께 집 안으로 사라져요. 기생쉬파리는 코벌 집 근처의 양지바른 곳에 숨어서 또 무슨 못된 짓을 할까 궁리할 거예요.

때에 따라 다르지만 보통 서너 마리의 기생쉬파리가 모래 위에 앉아서 꼼짝도 하지 않고 코벌 집을 뚫어지게 쳐다보고 있어요. 코벌이 아무리 찾아도 찾을 수 없는 곳에 꼭꼭 숨겨서 집을 지어 놓아도 기생쉬파리들은 귀신같이 찾아내요. 빨간빛의 큰 눈, 짙은 갈색의 옷을 입고 끈질기게 자리를 지키고 있는 기생쉬파리를 보니 마치 도둑 같네요.

코벌이 먹이를 들고 집에 도착해요. 평소라면 위험한 것은 없는지 둘러보며 문 앞에 내려앉았을 거예요.
그런데 오늘은 조심스럽게 낮게 비행하며 집 주위만 빙빙 돌고 있네요.

'붕~!' 하고 특유의 날개 소리를 내면서 불안해하고 있어요.

부우우우~~웅!

코벌이 기생쉬파리들을 발견해요.

기생쉬파리들도 코벌을 발견해요. 모두 코벌의 먹이를 탐내며 쳐다보고 있어요.

코벌은 별생각 없이 수직으로 내려앉아요. 마치 패러글라이더처럼 천천히 말이에요. 그 때였어요. 코벌이 갑자기 날아올라요.

기생쉬파리들도 곧바로 날아올라 코벌의 꽁무니를 쫓아요. 가깝게 또는 멀찍이 줄지어서 코벌의 뒤를 따라 날아요.

기생쉬파리들을 피하려고 코벌은 급격히 방향을 틀어요. 그러면 기생쉬파리들도 정확하게 똑같이 방향을 틀어요.

코벌이 앞으로 날아가면 기생쉬파리들도 앞으로 날아가고, 코벌이 속도를 줄이면 기생쉬파리들도 속도를 줄여요. 기생쉬파리들은 코벌에게서 떨어질 줄을 몰라요.

기생쉬파리들은 코벌의 먹이가 탐나기는 하지만 덤벼들지는 않아요. 그들의 전략은 갑자기 날아가 버릴지도 모를 코벌을 따라갈 수 있도록 그저 뒤에서 때를 기다리는 거예요.

때때로 집요하게 뒤쫓는 기생쉬파리들이 지긋지긋해진 코벌은 땅에 내려앉아요. 그럴 때면 기생쉬파리들도 모래 위에 내려앉아 코벌 뒤에서 꼼짝도 하지 않아요.

코벌은 더 빠른 날갯짓으로 다시 날기 시작해요. 아마도 몹시 화가 난 듯해요. 기생쉬파리들도 재빨리 뒤따라 날아요.

끈질긴 기생쉬파리들을 떼 놓는 가장 좋은 방법이 있어요. 바로 기생쉬파리보다 더 빨리 멀리 날아가는 거예요. 들판 한가운데로 빨리 날아서 길을 잃게 하려는 생각이지요.

그러나 영리한 기생쉬파리들은 함정에 빠지지 않아요. 코벌이 떠나든 말든 모래 속 집을 계속 지켜보고 있지요.

코벌이 돌아오면 집요한 기생쉬파리들은 어미 코벌이 지칠 때까지 다시 추격을 시작할 거예요. 기생쉬파리들은 코벌이 잠시 경계를 느슨히 하는 순간을 놓치지 않아요. 바로 옆에서 지키고 있던 기생쉬파리 한 마리가 땅굴 안으로 곧 사라질 코벌 먹이에 찰싹 붙어 앉아요. 이렇게 추격전은 끝이 나요. 이제 그 위에 알을 낳기만 하면 돼요.

# 붉은불개미
-2권 9장

아르마스 연구소에서 가장 아끼는 보물은 유명한 아마존개미 계열의 붉은불개미들이에요. 녀석들은 새끼들을 잘 키울 능력도 없고 가까이에 있는 먹이를 구해 올 줄도 몰라서 살림을 보살펴 줄 개미들을 훔쳐 와요. 붉은불개미의 병정개미들이 이웃에 사는 다른 개미들의 집에 쳐들어가서 노예 개미로 키울 번데기를 가져오는 거예요. 그러면 번데기에서 머지않아 개미들이 깨어나고 낯선 붉은불개미의 집에서 충성스러운 일꾼이 되지요. 노예 개미들은 먹이를 가져오고 집안의 살림을 보살펴 주어요. 붉은불개미들에게 노예 개미들은 없어서는 안 될 존재예요.

여름이 한창인 6~7월, 오후가 되면 기지를 떠나 원정에 나서는 붉은불개미의 병정개미 무리를 종종 발견하고는 해요. 병정개미들은 5~6m 길이로 길게 행진을 해요. 원정길에 특별한 문제가 생기지 않는 한 병정개미들은 줄을 잘 맞춰 앞으로 나아가요. 그러다 개미집처럼 보이는 것이 나타나면 맨 앞에 있는 개미들이 행진을 멈추고 모여들어요. 뒤이어 다른 병정개미들까지 도착하면서 큰 무리를 이뤄요. 정찰 개미들이 흩어져서 살펴보고 개미집이 아니라는 생각이 들면 다시 행진을 시작해요. 병정개미들은 정원의 오솔길을 가로지르고 잔디 속으로 사라졌다가 저 멀리서 다시 나타나요. 쌓여 있는 낙엽 사이를 통과해 다시 모습을 드러내기도 해요. 붉은불개미들은 항상 이렇게 모험을 하고 다니지요.

붉은불개미들이 드디어 지하에 숨어 있는 검정개미의 집을 찾아냈어요. 붉은불개미들은 서둘러 검정개미 집의 방으로 내려가 번데기들을 챙겨 들고 올라와요. 그러면 개미집 앞에서 번데기를 지키려는 검정개미들과 가져가려는 붉은불개미들 사이에서 전쟁이 벌어져요. 하지만 이 전쟁의 승리는 불 보듯 뻔해요. 결국 개미집을 공격한 힘센 붉은불개미들이 전쟁에서 승리하지요. 그리고 각자 번데기를 한 아름 챙겨 나와요.

검정개미의 집에서 가져오는 번데기의 양에 따라 병정개미들이 이동하는 거리는 매번 달라요. 왔던 길은 병정개미들에게 중요하지 않아요.

정말 중요한 것은 집으로 돌아가는 길이에요. 그 길은 멀고 구불구불하고 힘들기까지 하거든요. 사냥해 온 번데기의 양을 보고 돌아갈 길을 결정해요. 번데기까지 짊어진 붉은불개미들에게는 무척 험난한 길이랍니다.

개구리를 기르던 연못에 금붕어를 기르기 위해 벽돌로 공사를 하고 있을 때였어요. 어느 날, 번데기를 빼앗은 붉은불개미들이 연못 가장자리의 벽돌을 따라 행진하고 있는 것을 발견했어요. 그 때였어요. 거센 바람이 불어 붉은불개미들이 연못으로 떨어져 버렸어요. 붉은불개미들을 발견한 금붕어들이 득달같이 모여들었어요. 떨어지는 붉은불개미들을 지켜보다가 먹으러 달려든 거예요. 집으로 돌아가는 길이 참 험난하네요. 연못을 건너기도 전에 많은 붉은불개미가 죽고 말았어요. 이런 위험이 도사리고 있는 낭떠러지를 피해 다른 길로 돌아가지 않을까 싶어 지켜봤지만 예상은 빗나갔어요. 번데기를 짊어진 붉은불개미들은 변함없이 위험한 길로 가고 있었어요. 금붕어에게는 한꺼번에 두 마리 토끼를 잡는 셈이에요. 개미뿐만 아니라 번데기까지 먹게 됐으니 말이에요. 다른 길로 돌아가지 않은 다른 붉은불개미들도 목숨을 잃고 말았어요. 붉은불개미들이 행진하면서 개미산 같은 냄새가 나는 물질을 길에 남겨 놓은 것일까요? 냄새를 맡으며 돌아올 수 있도록 말이에요. 많은 사람이 그렇게 생각하기도 하지요.

붉은불개미들이 냄새를 맡으며 돌아오는 것인지 실험하고 싶어졌어요. 그래서 오후 내내 붉은불개미들의 출정을 지켜보고 있었어요.

 오랜 시간 동안 지켜봤지만 허탕을 치는 날이 대부분이었어요. 시간을 낭비하지 않기 위해 조수를 한 명 두기로 했지요. 바로 나의 손녀 루시예요. 개구쟁이 루시는 나의 제안에 솔깃해했어요. 과학이라는 위대한 세계에 발을 들이기에는 아직 어렸지만, 중요한 임무에 대해 배우고 그런 임무를 맡게 돼 자랑스러워했어요. 루시는 적당한 시간에 붉은불개미들을 지켜보러 정원으로 달려갔어요. 그리고 임무대로 붉은불개미들이 다른 개미집으로 전쟁을 하러 떠나는 길을 주의 깊게 지켜봤어요.

 쾅! 쾅!
 어느 날 쓴 글들을 정리하고 있는데 누군가 연구실 문을 두드렸어요.
 "할아버지! 빨리 와 보세요. 붉은불개미들이 검정개미네 집으로 쳐들어가고 있어요. 빨리요!"
 "붉은불개미들이 지나는 길을 봤니?"
 "네, 봤어요. 제가 표시해 뒀어요."
 "어떻게? 무슨 방법으로 표시를 했니?"
 "헨젤과 그레텔처럼요. 길을 따라 하얀 조약돌을 뒀어요."
 달려가 보니 여섯 살밖에 되지 않은 나의 조수가 말한 그대로였어요. 붉은불개미의 병정개미들이 조약돌을 놓은 길을 따라서 번데기를 훔쳐 돌아오기 시작했어요.

빗자루로 길이 잘 보이도록 1m 정도를 쓸었어요. 길 위에 있던 먼지들을 옆으로 쓸어 내 길이 깨끗해졌지요. 만약 붉은불개미들(이하 개미라고 함)이 이 길에 냄새가 나는 물질을 남겨 놓았다면 이제 냄새가 없어졌으니 당황하게 될 거예요. 이렇게 일정한 간격으로 길 위의 네 지점을 빗자루로 쓱쓱 쓸어 개미들이 돌아오는 길을 중간중간 끊어 놓았어요.

첫 번째 지점에 개미들이 도착했어요. 주저하는 것이 눈에 띄네요. 앞으로 갔다가 후퇴하고 돌아오는 개미들도 있고 끊어진 길 앞에서 이리저리 방황하는 개미들도 있어요. 옆으로 흩어졌다가 낯선 이곳을 돌아가는 길을 찾는 개미도 있네요. 맨 앞에 있던 개미들이 이제 3~4m 폭으로 흩어져요. 그런데도 뒤늦게 도착한 개미들은 깨끗해진 길 앞으로 밀려들어요. 개미들이 더 많이 모이면서 붐비는 바람에 혼잡스러워졌어요. 결국 몇몇 개미들은 낯선 이 길을 선택하고 다른 개미들이 그 뒤를 따라가요. 그러는 동안 또 다른 개미들은 맨 앞에서 우회로를 찾아 돌아가요. 다른 지점에서도 개미들은 우왕좌왕해요. 그런데도 앞으로 쭉 가거나 옆으로 돌아가며 조약돌이 놓인 길을 따라 집까지 무사히 돌아가는군요.

이렇게 실험을 해 보니 개미들이 잘 돌아가는 것은 냄새 덕분인 듯해요. 하지만 네 지점에서 길이 끊길 때마다 개미들이 눈에 띄게 주저하면서도 집으로 무사히 돌아갈 수 있었던 것은 냄새가 묻은 먼지를 말끔히 없애지 않고 옆으로 쓸어 놓았기 때문일 수도 있어요. 깨끗해진 길을 피해 간 개미들이 옆으로 치워진 먼지들을 따라간 것일 수도 있거든요. 정말 냄새 때문인지 알아보기 위해 완벽한 조건에서 실험을 다시 해 보는 것이 좋겠어요. 냄새가 묻은 먼지들을 완벽하게 없애고 실험을 다시 해 보아요.

계획을 세우고 며칠 뒤 루시가 다시 지켜보기 시작했어요. 이번에는 개미들이 집을 나설 때 알려 주기로 했지요. 지난번처럼 하얀 조약돌들을 원정길을 따라 미리 두었어요.

정원에 물을 줄 때 쓰던 호스를 웅덩이 가장자리에 두고 물을 틀었어요. 그랬더니 개미들이 지나다니는 길이 물줄기 때문에 끊겨 버렸어요. 걸음 한 폭 정도 되는 물줄기가 끝없이 이어지고 있어요.

그 앞에서 개미들이 오랫동안 고민에 빠지네요. 그사이에 뒤처져 있던 개미들이 맨 앞에 있던 개미들을 따라잡았어요. 그러다 개미들이 웅덩이 사이사이로 튀어나온 돌들을 보고 급류에 뛰어들어요. 바닥도 보이지 않는 깊은 물웅덩이 속으로 겁 없이 뛰어든 개미들은 급류에 휩쓸려 물에 떠다녀요. 몇몇 개미는 물이 얕은 곳으로 밀려 올라오거나 물줄기 가장자리로 돌아오고 또는 얕은 곳을 다시 찾기 시작해요. 그 와중에도 개미들은 번데기를 놓치지 않아요. 물줄기에 밀려와 떠다니던 지푸라기들이 개미의 흔들다리가 돼요. 개미들이 이 다리로 물줄기를 건너려고 해요. 마른 올리브 잎은 번데기를 실을 뗏목이 돼요. 가장 용감한 개미들은 어떤 것도 이용하지 않고 무사히 물웅덩이를 건너요. 지켜보고 있자니 물줄기에 멀리 떠내려간 개미들은 임무를 다하지 못해 매우 걱정하는 것 같아요. 그래도 어떤 개미도 번데기를 놓치지 않아요. 여기저기 흩어져 버려 혼란스럽고 물에 빠져 죽을지도 모를 정도로 위험한데 말이에요. 마침내 물웅덩이를 어렵게

건넜어요. 그것도 정해진 길을 따라서요.

이제 보니 개미들은 냄새로 길을 찾는 것이 아니었네요. 비질이나 물줄기, 잔디 등 돌아오는 길에 작은 변화가 있을 때마다 개미들은 멈춰 서서 고민하며 무슨 일이 벌어진 것인지 알아내려고 했어요.

개미들이 장소를 정확하게 기억하는지 알기 위해서는 이 관찰만으로는 충분하지 않아요. 하지만 개미는 돌아가는 길을 기억하고 있었어요! 이런 일이 어떻게 가능할까요? 때로는 다른 개미집을 공격해서 가져온 먹이가 밖에서 구해 오는 먹이보다 훨씬 훌륭해요. 그래서 다음 날이나 2~3일 후에 또 전쟁을 치르러 떠나지요. 두 번째로 원정에 나설 때는 다시 길을 찾아낼 필요 없이 번데기들이 가득한 다른 개미집으로 곧바로 갈 수 있어요. 그것도 갔던 길을 정확히 따라가면서 말이에요.

붉은불개미는 다음 날 혹은 그 이후에도 이렇게 원정길을 계속 기억하고 있어요. 그것도 매우 자세하고 정확하게 기억하지요. 그 덕분에 붉은불개미는 크고 작은 사고를 겪으면서도 어제 지났던 오솔길로 다시 향한답니다.

# 사마귀_사냥
## -5권 18장

남프랑스 지방에는 매미만큼이나 인기 있는 곤충이 있어요. 이곳에서 기도하는 곤충이라고 불리는 곤충이에요. 녀석의 공식 명칭은 항라사마귀예요.

뙤약볕에 그을린 목초지 사이에서 위풍당당하게 허리를 꼿꼿이 펴고 있는 한 곤충을 발견하고는 해요. 긴 리넨 베일같이 얇고 넓은 녹색 날개가 눈에 띄어요. 팔같이 보이는 앞다리를 기도하는 것처럼 하늘을 향해 들고 있어요. 더 이상 설명할 필요가 없겠지요. 나머지는 상상에 맡길게요. 여기에 기도하는 사마귀들로 가득한 가시덤불이 있어요.

착하고 순수한 여러분, 절대 사마귀한테 속지 말아요! 사마귀는 신앙심 깊은 신자 같은 모습 너머로 잔인한 습성을 숨기고 있으니까요. 기도하는 듯한 앞다리는 사냥에 쓰이는 무시무시한 무기예요. 사마귀 주변으로 돌아다니는 모든 곤충을 앞다리로 낚아채니까요. 그래서 사마귀는 평화로운 곤충 세계의 호랑이 같은 존재예요. 대식가인 사마귀는 숨어 있다가 살아 있는 곤충들을 잡아먹는답니다.

겉모습과 성격이 정반대네요. 매우 온순해 보이는데 앞다리를 무기로 쓰다니요. 사마귀의 앞다리에는 3개의 마디가 있어요. 몸에서 가장 가까운 관절인 밑마디는 덫과 같은 역할을 해요. 이 덫에 먹이가 걸리면 바로 낚아채는 거예요. 넓적다리마디에는 뾰족한 가시가 두 줄 박혀 있어요. 날이 나란히 달린 톱처럼 생겼는데, 그 사이에 있는 홈은 셋째 마디까지 이어져 있어요. 셋째 마디 끝에는 단단하고 바늘처럼 뾰족한 갈고리가 달려 있어요.

메뚜기, 나비, 잠자리, 파리, 벌 그리고 그 외 어떤 곤충들도 포획다리라고도 불리는 이 앞다리를 당해 내지 못해요. 연구소의 곤충장 안에 살고 있는 사냥꾼 항라사마귀도 물러설 줄을 몰라요. 사마귀는 메뚜기, 여치, 거미, 방아깨비들을 두 톱날로 잡은 후 꼼짝도 하지 못하게 만들고 맛있게 와삭 씹어 먹어요. 이제부터 놓쳐서는 안 될 이야기를 들려줄게요.

사마귀가 곤충장의 철망을 따라 겁 없이 다가오고 있는 큰 메뚜기를 봤어요. 사마귀는 머리를 부르르 떨더니 겁을 주려는 듯 번개같이 자세를 바꿔요. 전기 충격을 받아도 이보다 빠를 수는 없을 거예요. 사마귀가 자세를 갑자기 바꾸고 위협적인 몸짓을 하자, 아무것도 모르는 메뚜기는 이상한 공포를 느끼며 한쪽 앞다리를 든 채로 그 자리에서 얼어붙어 버렸어요. 정신을 딴 데 팔고 있었다면 사마귀에 익숙한 나도 깜짝 놀랐을 거예요. 장난꾸러기들이 상자 속에 숨어 있다가 용수철처럼 튀어 올라 '짠!' 하고 느닷없이 앞에 나타나는 것처럼 말이에요.

특유의 자세로 가만히 있던 사마귀는 메뚜기에게 시선을 고정한 채로 메뚜기의 움직임에 따라 머리를 조금씩 이리저리 돌리면서 관찰해요. 이런 몸짓을 하는 목적은 따로 있어요. 바로 메뚜기를 무섭게 만들려는 거예요. 이런 모습을 본 메뚜기가 무슨 생각을 하고 있는지 누구도 알 수 없어요.

우리 눈에는 메뚜기의 긴 얼굴 위로 어떤 감정 변화도 보이지 않아요. 그래도 확실한 것은 메뚜기가 무서워하고 있다는 거예요.

무시무시한 유령이 갈고리를 쳐들고 공격할 준비를 하며 자기 앞에 서 있는 것을 보고 있다고 생각해 봐요. 곧 죽게 된다는 것을 직감적으로 알게 되지요. 도망갈 틈이 있지만 도망가지도 않아요. 높이뛰기 챔피언인 메뚜기는 튼실한 넓적다리마디로 사마귀 키보다 높이 뛰어오를 수 있는데도 바보같이 그 자리에 가만히 있네요.

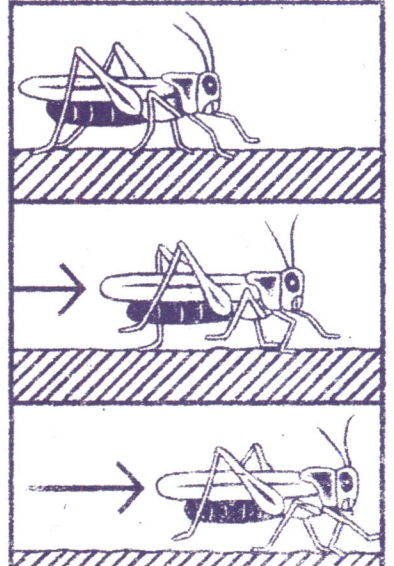

아니 심지어 천천히 다가가기까지 해요.

뱀이 입을 쩍 벌리고 매서운 눈빛으로 노려보면 작은 새들은 너무 무서워서 온몸이 얼어붙어 날지도 못하고 그대로 뱀한테 잡아먹힌다고 해요.

메뚜기도 이 작은 새와 비슷하게 행동하는 거지요.

사마귀는 메뚜기를 두 갈고리로 공격해 발톱으로 낚아채고 두 톱날로 움켜쥐어서 꼼짝 못하게 만들어요. 불쌍한 메뚜기는 주둥이로 사마귀를 물려고도 하고 허공에다 발길질하며 저항하지만 소용 없지요. 사마귀를 이기기는 어림도 없는 일이에요. 사마귀는 승리의 깃발 같은 날개를 접고 평소 자세로 식사를 시작해요.

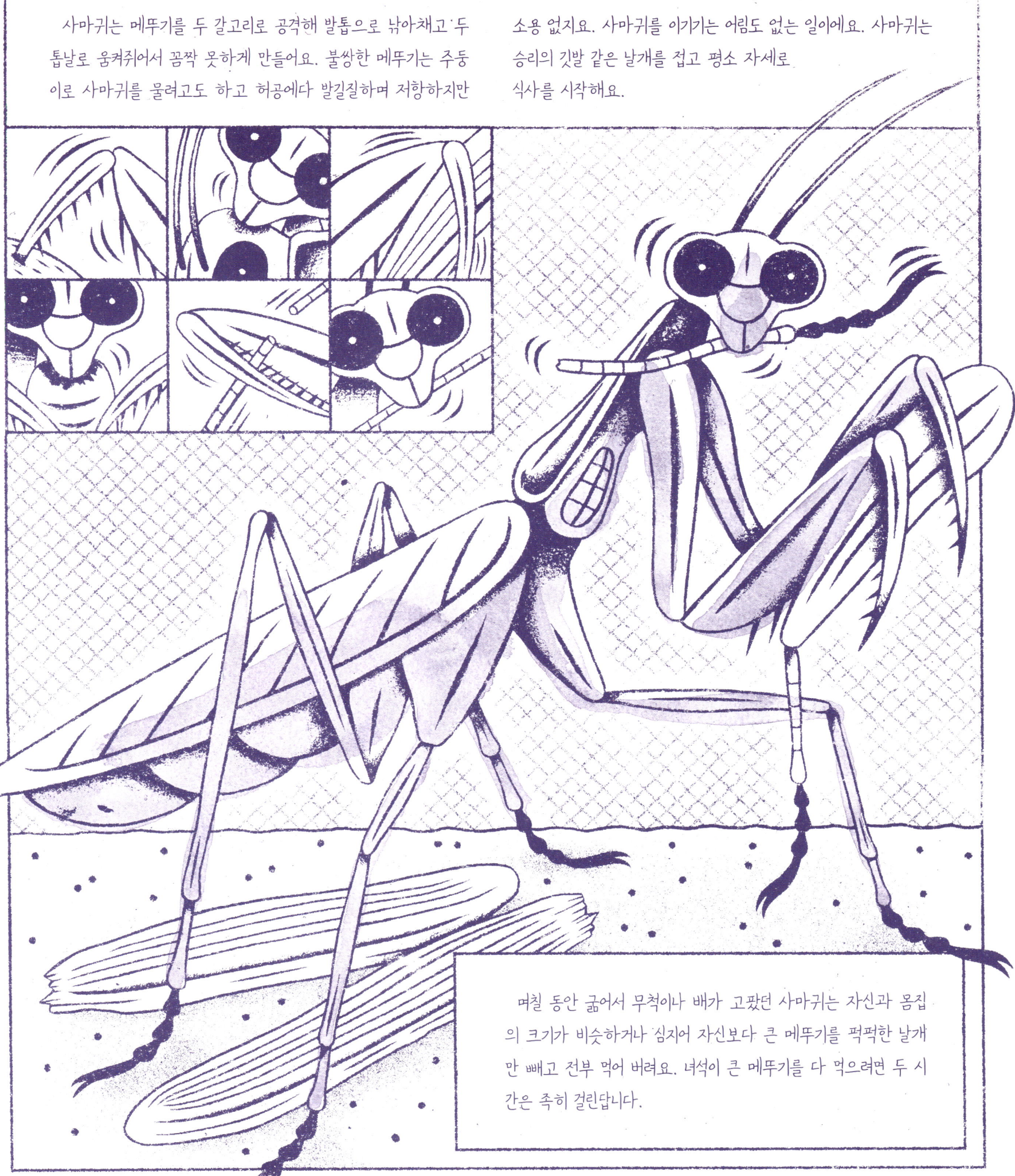

며칠 동안 굶어서 무척이나 배가 고팠던 사마귀는 자신과 몸집의 크기가 비슷하거나 심지어 자신보다 큰 메뚜기를 퍽퍽한 날개만 빼고 전부 먹어 버려요. 녀석이 큰 메뚜기를 다 먹으려면 두 시간은 족히 걸린답니다.

# 사마귀_사랑

**-5권 19장**

앞에서 알게 된 사마귀의 몇 가지 습성은 '기도하는 곤충'이라는 이미지와는 영 딴판이에요. 경건하게 기도하는 곤충을 기대했지만 오히려 잔인한 곤충을 만난 셈이에요. 하지만 아직 가장 비극적인 장면이 남아 있어요. 바로 짝짓기를 할 때예요. 이때만큼이나 끔찍한 습성은 없답니다. 한 곤충장 안에 여러 마리의 암컷 사마귀를 넣어 뒀어요.

난소에 난자가 가득 차서 배가 부풀어 올랐어요. 짝짓기를 하고 알을 낳을 시기가 온 거예요. 이때 암컷 사마귀들은 집착과 질투가 매우 심해져요. 그래서 서로 겁을 주고 옴짝달싹 못 하게 만들거나 서로를 잡아먹기도 해요.

여러 마리가 함께 살다 보니 혼란이 많은가 봐요. 그래서 한 곤충장에 한 쌍씩만 살도록 사마귀들을 따로 넣어 두었어요.

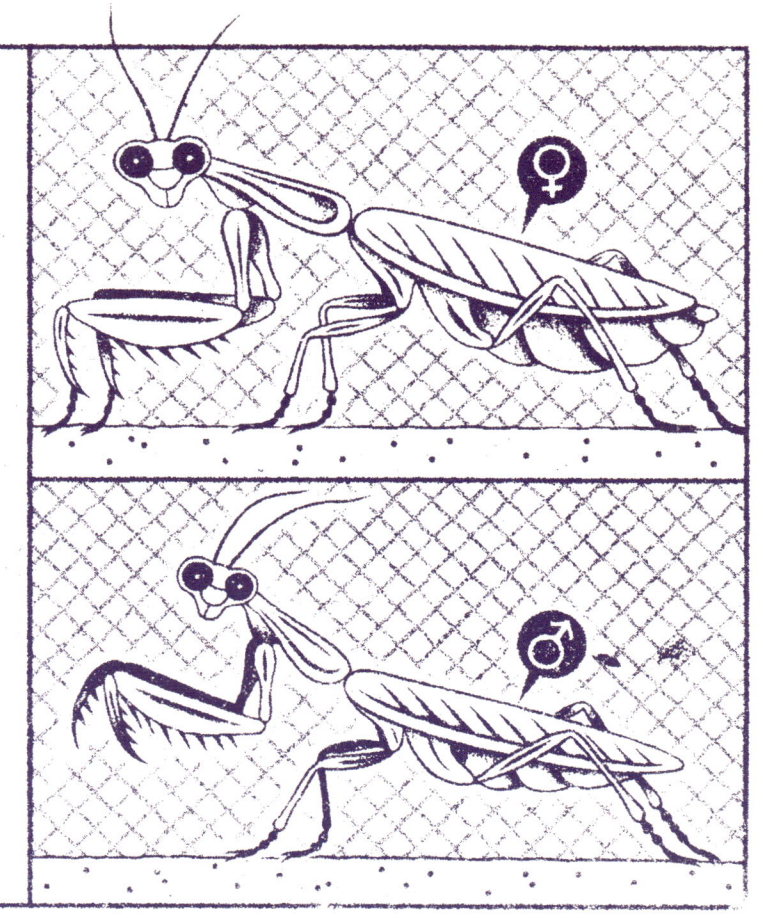

8월이 끝나갈 무렵, 호리호리한 수컷 사마귀는 사랑에 빠졌어요. 호시탐탐 암컷 사마귀에게 다가갈 기회만 노리고 있네요. 수컷 사마귀가 머리를 이리저리 돌리고 목을 굽혔다 펴거나 가슴을 내보이며 자신보다 힘이 센 암컷 사마귀에게 사랑의 표현을 해요. 작고 뾰족한 수컷의 얼굴에는 암컷을 향한 애정이 가득하네요.

이런 자세로 가만히 서서 오랫동안 암컷 사마귀를 바라봐요. 하지만 무심한 암컷은 수컷에게 관심도 주지 않아요. 암컷 사마귀는 아무것도 모른다는 듯 수컷 사마귀에 신경도 쓰지 않네요.

수컷 사마귀가 암컷 사마귀에게 슬금슬금 다가가요. 그러더니 갑자기 날개를 짝 펴고는 부르르 떨면서 구애를 해요.

호리호리한 수컷 사마귀가 암컷 사마귀에게 돌진해 등에 올라타요. 암컷이 수컷보다 덩치가 훨씬 커요. 그래서 수컷은 최선을 다해 암컷의 등에 달라붙어 떨어지지 않으려고 해요. 구애부터 짝짓기할 때까지는 시간이 오래 걸려요.

이제, 수컷 사마귀가 암컷 사마귀의 등에서 내려와요. 하지만 곧 더 가깝게 마주하게 될 거예요. 암컷 사마귀에게 수컷 사마귀는 번식을 위한 존재로도 사랑을 받지만, 맛있는 먹잇감으로도 사랑을 받기 때문이에요. 짝짓기를 한 직후 또는 늦어도 다음 날, 암컷 사마귀는 수컷 사마귀를 붙들고 그 작은 입으로 목부터 순서대로 뜯어 먹기 시작해요…….

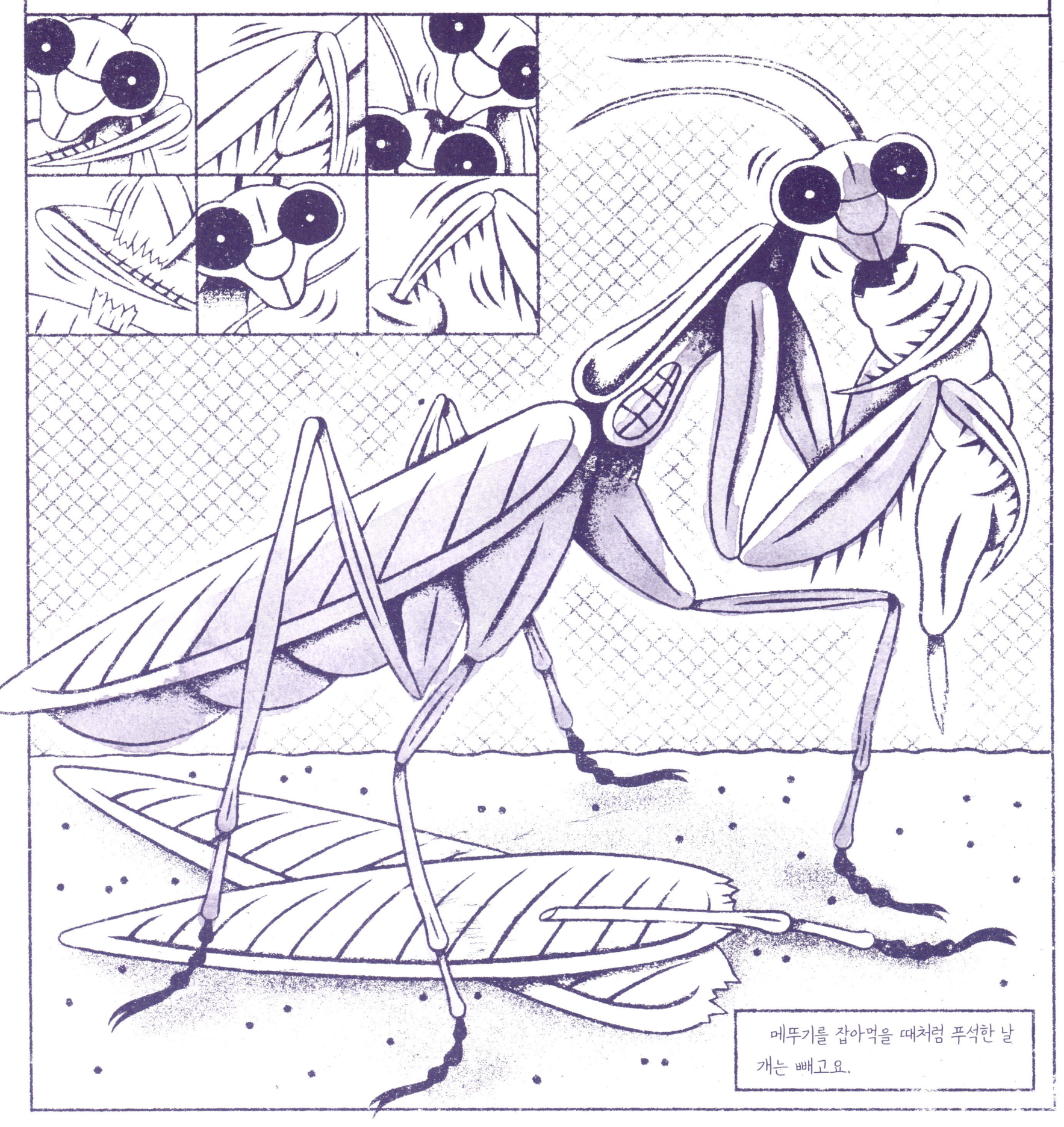

메뚜기를 잡아먹을 때처럼 푸석한 날개는 빼고요.

# 소나무행렬모충나방
## 둥지와 사회
### -6권 19장

아르마스 연구소에는 튼튼한 소나무들이 우뚝 솟아 있어요. 이 소나무에서는 매년 소나무행렬모충나방의 애벌레들이 소나무를 점령하고 비단실로 둥지를 짓는답니다.

추운 11월이 되면 튼튼한 겨울 둥지를 짓기 시작해요. 애벌레들은 소나무의 높은 곳에 솔잎이 촘촘히 박힌 잔가지를 하나 골라 그 끝에 둥지를 지어요. 뽑아낸 비단실로 잔가지를 이리저리 감싸요. 솔잎들을 가지 쪽으로 한데 모아서 비단실과 솔잎이 뒤엉킨 둥지를 만들어요. 궂은 날씨에도 끄떡없는 집이랍니다.

12월 초가 되면 애벌레의 둥지는 주먹 두 개만 한 크기로 커져요. 겨울이 끝날 무렵에는 부피가 2리터 정도나 되지요. 나뭇가지를 감싸고 있는 비단 실뭉치가 아래로 축 늘어져서 마치 거대한 달걀 같아요.

달걀 모양의 집 꼭대기에는 동그란 구멍이 나 있어요. 애벌레가 드나드는 문이에요.

둥지 앞에는 널찍한 테라스가 있어요. 이 테라스는 한낮에 소나무행렬모충나방 애벌레들이 몸을 동그랗게 말고 서로 뒤엉켜 따뜻한 햇볕을 쬐며 낮잠을 자는 곳이에요.

매일 오전 10시쯤, 애벌레들은 집에서 볕이 잘 드는 테라스로 나와요. 솔잎을 그늘막으로 삼아 테라스에서 기분 좋게 일광욕을 즐겨요. 온종일 이곳에서 낮잠도 자요. 서로 뒤엉켜서 꼼짝도 하지 않고 행복하게 볕을 쬐지요. 이 잠꾸러기들은 저녁 6~7시에 깨어나 분주히 움직이기 시작해요. 여기저기 흩어져서 집 위로 이리저리 기어 다녀요.

이때 진풍경이 펼쳐져요. 꿈틀거리는 다갈색의 행렬들이 비단실로 친친 감긴 나뭇가지 위에서 사방으로 물결쳐요. 올라가거나, 내려가거나 가로질러 가면서 줄지어 나아가요.

6개 정도의 애벌레 둥지를 온실에 두었어요. 뼈대 역할을 하는 나뭇가지를 통째로 모래 위에 고정했어요. 둥지에서 솔잎이 떨어질 때마다 신선한 솔잎을 주었지요. 그러고는 매일 밤 손전등을 들고 애벌레들을 관찰했어요.

일을 하면 그만큼 먹어야 해요. 애벌레들은 둥지에서 나와 은빛의 집을 비단실로 감싸 더욱 크게 만들었어요. 일을 했으니 그 대가로 신선한 솔잎을 받아 가고요.

밤이 되어서야 식사가 끝났어요. 배불리 먹은 애벌레들은 둥지로 돌아가요. 한 시간도 채 안 걸리는 거리에 있지만 마지막 행렬까지 집에 도착하면 어느덧 새벽 2시가 돼요.

# 소나무행렬모충나방_행진
-6권 20장

소나무행렬모충나방 애벌레는 따라쟁이예요. 앞서가는 애벌레가 지나간 길을 뒤에서 줄을 맞춰 그대로 따라가니까요.

애벌레들은 한 줄로만 나아가요. 끝없이 이어진 줄을 맞춰서 앞서가는 애벌레의 꼬리가 뒤에 오는 애벌레의 머리에 닿은 채로 앞으로 나아간답니다.

맨 앞에 있는 애벌레는 쉬지 않고 비단 실을 뽑아내요. 마음대로 나아가면서 지나가는 길에 실을 붙여 놓아요.

두 번째 행렬이 구름다리를 건너서 도착해요. 그렇게 행렬이 두 개가 되었고, 또 다른 행렬이 도착해서 세 개가 되었어요. 모여든 많은 애벌레가 실샘에서 분비물을 뿜어내 비단실을 뽑아내요. 지나온 길에 흔적을 남기는 것처럼 애벌레들은 열을 지어 나아가면서 비단실로 얇은 띠를 바닥에 남겨요. 그 길이 햇볕을 받아 은빛으로 반짝이네요.

애벌레들이 뒤얽혀 있는 큰 덩어리는 미노스의 미궁만큼이나 절대 풀 수 없을 것 같아요. 하지만 애벌레들은 바닥에 붙여 둔 비단실 덕분에 한 치의 실수 없이 미궁 같은 집으로 향해요. 집으로 돌

아가야 할 시간이 되면 각자 자신이 뽑은 실이나 친구들의 실을 쉽게 찾아내요. 흩어져 있던 행렬들이 차츰 한 줄로 모여서 출발했던 집으로 다시 향해요.

행렬의 맨 앞에서 첫 번째 애벌레가 길을 나서요. 적당한 이름은 아니지만 이제 이 애벌레를 대장 애벌레라고 불러야겠어요. 하지만 애벌레들은 다 똑같이 생겨서 구별할 수 없어요. 행렬은 그저 우연히 만들어지기 때문에 선두에 있는 애벌레가 대장이 되는 것뿐이에요. 소나무행렬모충나방 애벌레들에게 대장은 임시직이지요. 대장 애벌레가 다른 애벌레들을 이끌다가 만약 문제가 발생해서 행렬이 사라졌다가 다시 만들어지면 곧 다른 애벌레가 대장이 된답니다.

잠시 대장이 될 뿐이지만 대장이 되면 대장처럼 행동해요. 다른 애벌레들이 앞서가는 애벌레들을 수동적으로 따라가는 동안 대장 애벌레는 매우 바빠요. 불쑥 몸 앞부분을 내밀어 이리저리 흔들며 주변을 살펴요. 뒤에 있는 애벌레들은 여러 개의 다리로 비단 실을 잘 붙들고 안심하며 아주 조용히 뒤따라가요.

행렬의 길이는 때에 따라 달라요. 2월부터 온실에서 여러 길이의 행렬들을 발견했어요. 애벌레들을 어떤 방법으로 실험하면 좋을까요?

애벌레들의 행렬은 계속 연결되어 있고 방향을 바꿔 다른 길로 갈 수도 있어요. 이 행렬을 끊은 후 애벌레들이 원을 그리며 전진하도록 해 보아요.

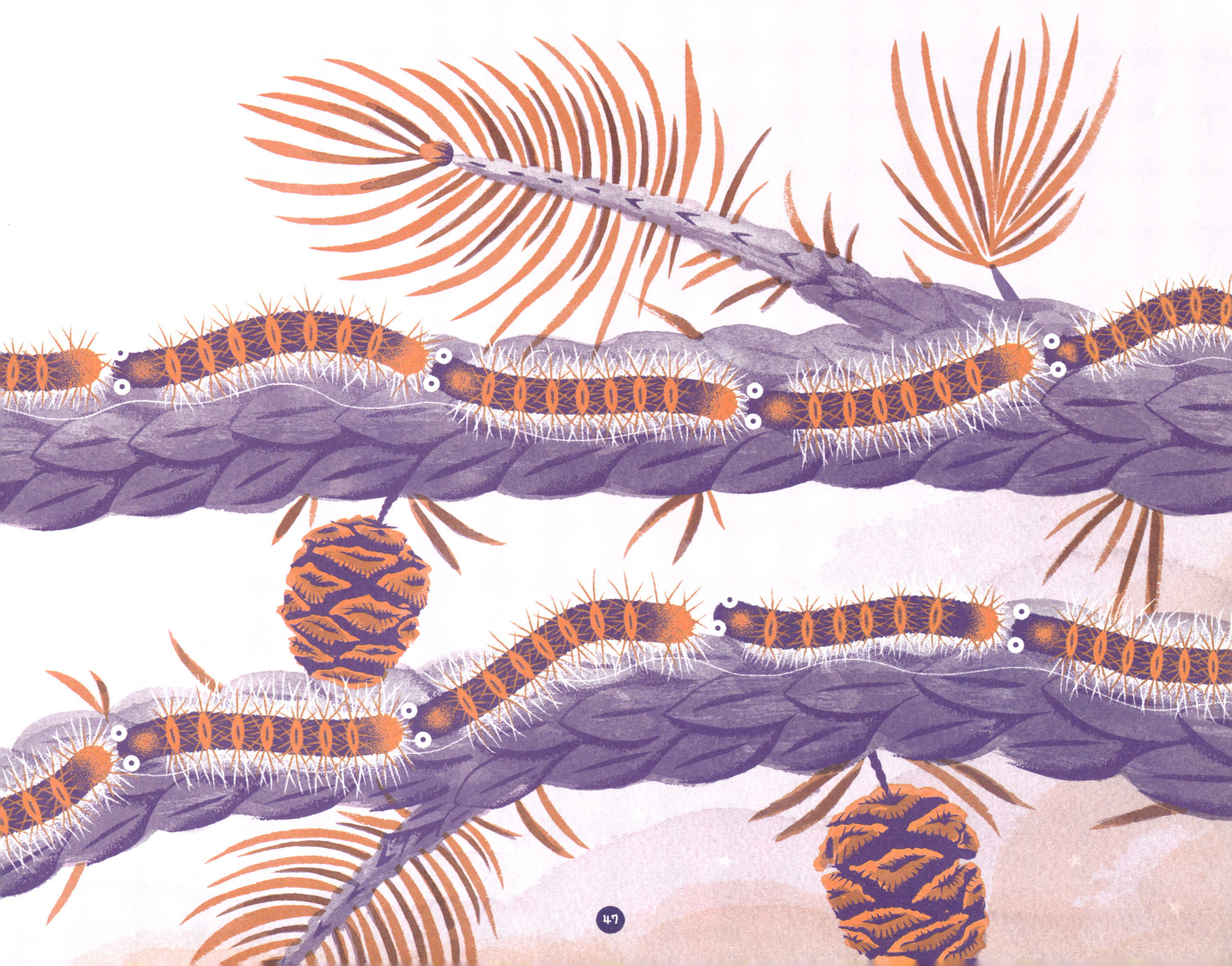

애벌레의 둥지가 꽂혀 있는 모래 더미 옆에 둘레가 1.5m 정도 되는 커다란 화분들을 두었어요. 애벌레들은 화분 벽을 따라 가장자리까지 기어 올라가요. 드디어 둥근 화분 꼭대기에 도착했어요. 원형 도로가 보이네요. 나는 이제 끼어들 때를 기다리면 돼요. 하지만 오래 기다릴 필요는 없어요.

1896년 1월 29일, 정오 전에 화분을 기어 올라가 가장자리를 점령하기 시작한 애벌레 떼를 발견했어요. 애벌레들은 천천히 줄을 지어 화분을 기어올라 가장자리를 따라 행진하기 시작했어요. 뒤따르던 애벌레들이 계속 도착했고 줄이 점점 길어졌어요.

대장 애벌레가 화분 가장자리를 따라가면서 시작점에 도착하기를 기다렸어요. 15분 만에 대장 애벌레가 시작점에 도착했어요. 아래를 보세요. 긴 행렬이 원을 그리고 있어요. 정말 멋진 광경이에요.

계속 올라오고 있는 애벌레들을 지금 떼어 내는 게 좋을 것 같아요. 너무 많은 애벌레들이 화분으로 올라오면 실험에 방해가 될지 모르거든요. 땅과 이어져 있는 비단실 길을 모두 끊는 것도 중요해요. 그래서 큰 붓으로 뒤따르던 애벌레들을 쓸어 냈어요. 나중에 문제가 발생하지 않도록 애벌레 냄새가 묻은 길도 모두 깨끗이 치우기 위해 화분 옆 부분을 쓸어 애벌레들의 길잡이가 되는 실을 모두 제거했어요. 준비가 끝났어요. 이제 흥미로운 일이 벌어질 거예요.

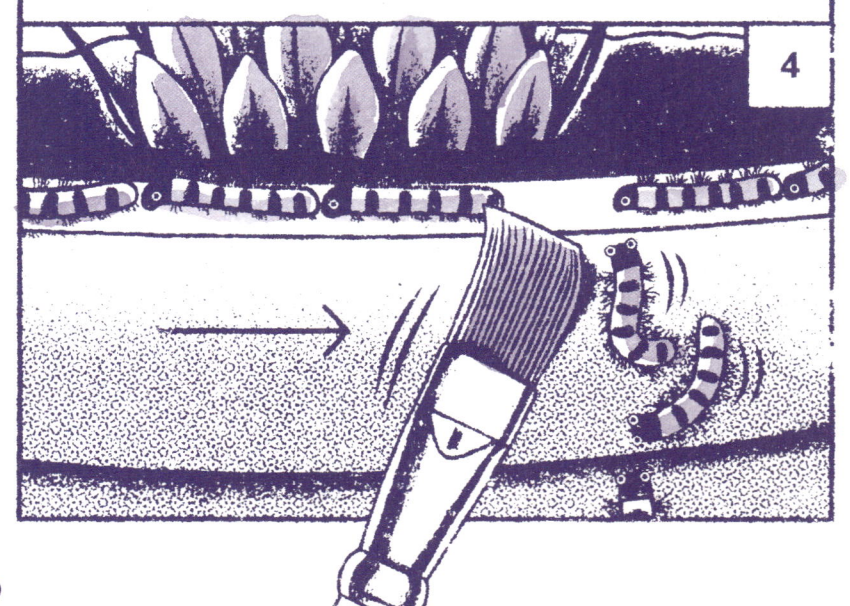

화분의 가장자리를 따라서 끝없이 이어지는 원형 행렬에서 더 이상 대장 애벌레는 없어요. 애벌레들은 앞서가고 뒤따르며 함께 만든 비단실의 흔적을 따라가요. 화분의 가장자리를 따라 앞서는 애벌레에 바짝 붙어서 정확하게 뒤따라가요. 어떤 명령도 없고 마음대로 길을 이탈하지도 않아요. 대장이 되어 행진을 시작한 애벌레를 믿고 순순히 따라가요. 나의 실험 때문에 이제는 대장 애벌레가 없어져 버렸지만요.

애벌레가 화분 가장자리를 따라 처음으로 한 바퀴 돌자 비단실로 된 길이 만들어졌어요. 애벌레들이 행진하면서 계속 뽑아낸 얇은 실로 덮인 길이에요. 길의 시작점과 끝점이 이어졌고 비질로 행렬을 끊었기 때문에 빠져나갈 길은 없어요. 애벌레들은 끝없는 행렬에서 무엇을 하게 될까요? 지칠 때까지 무한히 원을 그리며 계속 행진을 할까요?

날이 화창한 1월 30일, 정오쯤에 애벌레들이 원을 그리며 돌기 시작했어요. 꼬리에 꼬리를 물고 발맞춰 행진해요. 이 행렬 안에 방향을 바꿀 대장 애벌레는 없어요. 시곗바늘처럼 정확하게 모두 기계적으로 따라가기만 해요. 대장이 없는 행렬에는 이제 자유도, 의지도 없어요. 톱니바퀴처럼 계속 돌기만 해요. 몇 시간이고 계속 돌고 있어요. 내 실험은 대성공이에요. 예상했던 것 이상의 결과가 나왔어요. 감탄이 절로 나오네요. 어안이 벙벙할 정도예요.

그런데 화분 가장자리를 여러 바퀴 돌고 나니 얇은 비단길이 몇 mm로 두꺼워졌어요. 붉은 화분 위로 은빛의 선들이 더욱 선명하게 보여요. 오후가 되어도 행렬에는 어떤 변화도 없어요.

밤 10시가 됐어요. 아직도 애벌레의 행렬은 느릿느릿 물결치기만 해요. 행진이 끝나면 추위 때문에 피곤하고 배가 고프다고 느낄 거예요.

바로 옆에 맛있어 보이는 파란 솔잎들이 있어요. 내려가기만 하면 솔잎을 먹을 수 있는데도 이 불쌍한 애벌레들은 결정을 내리지 못하고 바보같이 행렬의 노예가 되고 말아요. 하룻밤 자고 나면 내일은 모든 것이 제자리로 돌아올 것으로 생각하며 10시 30분에 관찰을 끝냈어요.

고된 밤이 지나갔어요. 해가 뜰 무렵 로즈메리가 핀 길목이 서리로 반짝였어요. 올해 들어 정원에서 두 번째로 큰 연못이 그대로 얼어붙었어요.

화분 가장자리를 고집스럽게 돌던 애벌레들은 집이 없어 힘든 밤을 보낸 것 같아요. 애벌레들이 화분 위에서 두 무리로 나뉘어 뒤죽박죽으로 뒤엉켜 있는 것을 발견했어요. 서로 가깝게 붙어 있으면서 추위를 견뎠나 봐요.

불행은 기회가 되기도 해요. 추위 때문에 한 줄로만 다니던 애벌레들이 두 무리로 나뉘어 서로 붙어 지낸 덕에 추위를 이겨 낼 수 있었어요. 기운을 차리고 다시 행진을 시작하면 무리 안에서 대장 애벌레가 곧 나타날 거예요. 따라갈 친구가 없는 이 대장 애벌레는 방향을 마음대로 정할 수 있고 행렬에서 이탈할 수도 있겠지요.

애벌레들을 더 지켜보아요. 얼었던 몸이 녹고 각각의 무리가 원을 그리며 점점 줄지어 나아가요. 이제 마음대로 행진할 수 있는 대장 애벌레가 두 마리 생겼어요. 마법에 걸린 듯 같은 자리에서 끝없이 돌게 만드는 이 행렬에서 이제 벗어나게 되는 것일까요? 애벌레가 큰 검은 머리를 이리저리 흔드는 것을 보니 뭔가 불안해하는 것 같아요. 아니, 잘못 생각했네요. 행진이 시작된 뒤 두 무리가 다시 만나 하나의 큰 원을 그리기 시작했어요. 행진을 이끌던 어제의 대장 애벌레가 이제는 다른 애벌레를 뒤따르고 있어요. 애벌레

들은 하루 종일 원을 그리며 행진해요.

　다시 밤이 되었어요. 많은 별들이 하늘을 수놓은 아주 조용한 밤이에요. 서리가 또 많이 내렸어요. 날이 밝았어요. 화분 양쪽을 가득 메운 애벌레들이 무리가 되어 모여 있어요. 이 먹보들이 행진을 시작하는 것을 지켜봤어요. 임시로 대장이 된 애벌레가 행렬에서 벗어났어요. 잠깐 머뭇거리더니 새로운 길을 개척해요. 화분 가장자리로 기어갔다가 화분을 가로질러 다시 반대편 가장자리로 건너가요. 애벌레 여섯 마리만이 대장을 뒤따라요.

　이 애벌레들은 너무도 배가 고파 먹을 것을 찾으러 화분에 심어 놓은 종려나무 꼭대기까지 기어 올라가요. 입에 맞는 먹이를 찾지 못하자 비단길을 따라서 화분 가장자리로 돌아와 행렬을 찾아요. 걱정하지 말아요. 무사히 행렬에 합류했어요. 비어 있던 행렬의 자리가 채워졌고 애벌레들이 계속 원을 그리며 빙빙 돌아요.

　행진이 끝나는 날이 올까요?

　피곤함에 지친 애벌레들을 행렬에서 빼내기 위해서는 생각과는 달리 규칙에서 벗어나는 게 필요해요. 그 일은 대장 애벌레 마음에 달려 있어요. 좌우로 빠져나가기만 하면 되지요. 하지만 대장 애벌레가 등장하려면 행렬이 끊어져야만 해요.

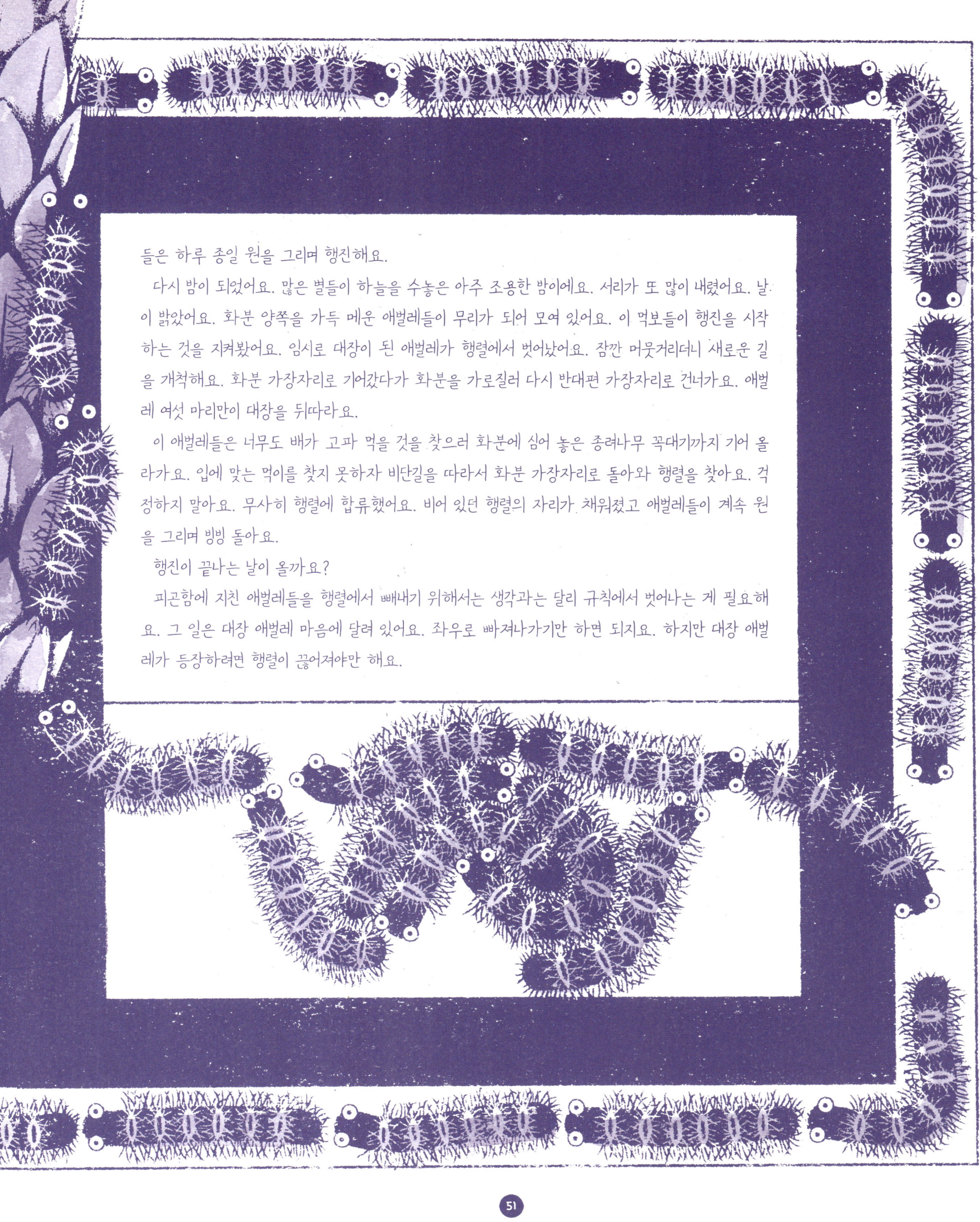

행렬을 시작한 지 5일째 되는 날이에요. 이번에는 완벽하던 초반 행렬이 흐트러지고 어수선해지는 것이 눈에 띄어요. 분명 행렬에서 빠져나오는 애벌레들이 생길 거예요.

애벌레들이 너무 피곤한 나머지 혼란에 빠졌어요. 많은 애벌레들이 절뚝거리며 가려고 하지 않아요. 행렬이 끊기는 곳이 많아졌어요. 행렬이 끊기는 바람에 맨 앞에 대장 애벌레들이 나타났고 이 대장 애벌레들은 길을 살피기 위해 몸을 쭉 빼고 여기저기 둘러봐요. 이리저리 흩어질 게 불 보듯 뻔하네요. 그 덕분에 살아남을 수 있으리라고 생각했지만 나의 기대는 무너졌어요. 밤이 오기 전에 하나로 재정비된 행렬이 완벽하게 다시 원을 그리고 있는 거예요.

추위만큼 더위도 빨리 찾아왔어요. 오늘은 2월 4일이에요. 날씨가 화창하고 온화해요. 화분 위에서 행렬이 곧잘 끊어졌다가 다시 이어져요. 처음으로 용감한 대장 애벌레를 발견했어요. 더위에 지친 대장 애벌레는 뒷다리를 화분 가장자리에 걸치고서 몸을 내밀고 비틀거리며 높이를 가늠해 봐요.

다른 탐험가 애벌레가 화분에서 벗어나기로 결심하고 화분 가장자리 아래로 내려와요. 애벌레 네 마리가 탐험가를 뒤따라가요. 비단실로 만든 길밖에 모르는 다른 애벌레들은 따라가려는 생각조차 하지 못해요. 이 애벌레들은 어제 갔던 길을 오늘도 계속 지나가요.

행렬에서 떨어져 나온 애벌레들은 화분 벽에서 여기저기 기웃대며 오랜 시간 고민해요. 꼭대기에서 절반 정도 내려왔다가 다시 비스듬하게 올라가 행렬에 합류하네요.

이번에는 실패했어요. 하지만 괜찮아요. 실패했다고 해서 이런 도전이 의미 없는 것은 아니니까요. 길에 뿌려 둔 비단실이 다시 도전하는 데 밑거름이 되고 개척했던 길은 첫 번째 지표가 될 거예요. 실제로 8일째가 되는 다음 날, 화분 둘레를 따라 돌고, 몇 개의 무리로 나뉘고, 때로는 행렬이 끊기기도 했던 애벌레들은 행렬에서 벗어나기 위해 흔적을 남겨 둔 길을 통해서 화분에서 내려왔어요. 해 질 무렵, 마지막 애벌레까지 무사히 둥지로 돌아왔지요.

이제 계산을 좀 해 봐야겠어요. 애벌레들이 화분 가장자리에서 보낸 시간은 총 168시간(7×24시간)에서 힘들어서 멈추거나 밤에 추위 때문에 쉬었던 시간을 넉넉히 계산해서 절반 정도인 84시간을 뺀 시간이 될 거예요. 그러니까 애벌레들은 84시간을 걸은 셈이에요. 평균 분속 9센티미터로 이동했고요. 이동한 총거리는 453미터로 거의 1킬로미터의 절반을 종종걸음으로 걸은 셈이에요. 화분의 둘레, 즉 애벌레들이 한 바퀴 돈 거리는 정확히 1.35미터예요. 계속 같은 방향으로, 아무런 성과 없이 335바퀴를 돌았지요.

경험하고 고민하며 보낸 시간은 애벌레에게는 별 효과가 없어요. 500미터가량을 걷고 300~400바퀴를 돌았지만 배운 것은 없는 것 같아요. 어쩌다 보니 집으로 돌아가는 길을 찾은 것뿐이지요. 만약 잠자리가 마땅치 않고 피로감에 행진을 멈추지 않았다면 끝없는 비단길 위에서 죽고 말았을 거예요. 여기저기 놓여 있던 비단길 위로 애벌레들이 서로 멀어지고 조금 헤매다가, 우연히 몇 마리가 아래로 내려온 덕분에 둥지로 돌아올 수 있었지요.

# 소나무행렬모충나방
## 나방의 탄생
-6권 22장

3월이 되었어요. 애벌레들은 여전히 계속해서 줄을 지어 나아가요. 많은 애벌레가 변태하기에 적합한 장소를 찾으러 문이 열려 있는 온실을 떠나요. 둥지와 소나무를 떠나는 애벌레들의 대이동은 정말 중요해요. 애벌레들의 몸에 난 털은 색이 바래서 등에 난 붉은 털 사이로 희뿌옇게 보여요.

3월 20일 이른 아침, 행렬에 변화가 생겼어요. 백여 마리 정도의 애벌레들이 줄을 지어 3미터 정도 되는 행렬을 만들어요. 애벌레들이 먼지투성이 땅 위로 열심히 물결치며 나아가요. 애벌레들이 지나간 길 위로 밭고랑처럼 흔적이 남았어요. 그러고 나서 이 행렬은 몇 마리씩 나뉘어 무리를 지어요. 온몸을 이리저리 흔들고 서로 뒤엉키거나 휴식을 취하기도 해요. 잠시 쉬었다가 다시 걷기 시작하면서 자유롭게 행렬을 만들어요.

가려는 곳이 정해진 것은 아니에요. 어떤 애벌레는 앞으로 나아가고 또 다른 애벌레는 뒤로 갔다가, 왼쪽으로 오른쪽으로 향하기도 해요. 행진에 규칙은 없고 정확한 목표도 없어요. 그러나 대부분의 애벌레들이 온실 벽을 향해 가고 있어요. 정오에 볕이 가장 잘 들어 온실에서 가장 따뜻한 곳이에요. 유일한 길잡이가 바로 햇볕인 듯해요. 애벌레들은 따뜻한 곳을 가장 좋아하니까요.

20마리 정도의 애벌레가 모여 있는 행렬들이 앞으로 나아갔다가 뒤돌아 가기도 하면서 몇 시간 만에 온실 벽에 도착했어요. 선두에 있던 대장 애벌레가 머리로 땅을 파서 땅의 상태가 어떤지 확인해 봐요. 다른 애벌레들은 딴짓도 하지 않고 대장 애벌레를 믿고 묵묵히 따라가요. 대장 애벌레가 한 결정에 모두 동의하는 거예요.

변태하기에 알맞은 곳에 도착했어요. 행진을 멈춘 대장 애벌레가 머리로 땅을 파고 주둥이로 이리저리 파헤쳐요. 다른 애벌레들도 계속해서 비단실을 뽑아내면서 한 마리씩 도착해요. 행렬은 사라지고 애벌레들은 자유를 되찾은 이곳에서 꼼지락거리며 무리를 지어요. 모두 분주하네요. 머리를 먼지 구덩이 속에 넣거나 다리로 흙을 뒤적이고 주둥이로 파헤치고 있어요.

애벌레들이 땅에 구멍을 파면서 그 안으로 점점 파묻히고 있어요. 잠시 후, 구멍이 생기고 주위에 흙이 쌓였어요. 여기저기에 구멍이 숭숭 뚫렸어요. 애벌레들이 잠시 쉬었다가 깊이가 엄지손가락 세 개 정도 되는 크기의 구멍 안으로 내려가요. 거친 땅이 애벌레들에게 유일하게 허락한 곳이에요.

2주 뒤, 구멍을 파 보았어요. 구멍 안에 자리 잡은 누에고치들을 발견했어요. 비단실에 감겨 있는 누에고치들은 안쓰럽게도 흙이 묻어 더러웠어요.

보다 보니 궁금증이 생겨났어요. 애벌레로 내려갔던 곳에서 어떻게 나방이 되어 다시 올라오는 것일까요? 구멍에서 빠져나오기 위해서는 구멍을 뚫는 기계 같은 힘이 필요하고 몸통도 걸리적거리지 않아야 해요.

누에고치에서 나온 소나무행렬모충나방의 몸은 잘 감싸여 있어서 원기둥같이 보여요. 구멍 안에서 변태하기가 가장 힘든 날개는 얇은 스카프처럼 가슴 부분에 붙어 있어요. 땅에서 나올 때 걸릴 수 있는 더듬이는 땅속에서는 다 자라지 않고 옆구리를 따라 늘어져 있어요. 무성해진 털은 결이 반대 방향으로 누워 있고 유일하게 다리만이 자유로워서 힘차게 움직일 수 있어요.

이렇게 몸의 거추장스러운 부분들을 잘 숨기고 있어서 땅에서 쉽게 올라올 수 있지요.

드디어 소나무행렬모충나방이 구멍에서 나타났어요. 매우 세심하게 해야 하는 과정이라서 소나무행렬모충나방은 천천히 날개를 펴고 털도 살아나게 해요. 옷은 소박해요. 날개 윗부분에는 회색 바탕에 갈색 줄무늬가 있고 아랫부분에는 아무 무늬도 없어요. 가슴에는 회색 털이 무성하게 나 있고 배에 난 털은 진한 갈색의 벨벳 같아서 은은한 금빛을 내요.

소나무행렬모충나방은 나뭇잎 위에서 움직이지 않고 며칠이고 가만히 있어요. 녀석은 수명이 길지 않아요. 저녁이 될 때까지 움직이지 않고 있다가 밤이 되어서야 짝짓기를 하고 알도 낳아요. 내일이면 모든 것이 끝날 거예요. 소나무행렬모충나방은 내일까지밖에 살지 못하거든요.

# 공작산누에나방
### -7권 23장

그날 밤은 정말 잊을 수 없는 밤이에요. '공작산누에나방의 밤'이라고 이름 지을 정도로 인상 깊은 밤이었어요.

5월 6일, 아침에 연구소의 책상 위에서 암컷 공작산누에나방이 누에고치에서 나오는 것을 눈앞에서 보았어요. 공작산누에나방은 아직 몸이 마르지 않아서 자유롭게 날지 못했지요. 그래서 철망으로 된 둥근 곤충장에 바로 가두었어요. 공작산누에나방에 대한 실험을 따로 계획하고 있지는 않았어요. 연구자들이 그렇듯이 일단 공작산누에나방을 조심스럽게 몰아서 곤충장에 넣어두고 있었지요.

만족스러운 하루를 마치고 저녁 9시경, 가족 모두 잠자리에 들 준비를 하고 있었어요. 그런데 그때 옆방에서 야단법석이 났어요. 미처 옷을 갖춰 입지도 못하고 아들 폴이 미친 사람처럼 왔다 갔다 하고, 이리저리 뛰어다니고, 깡충거리면서 발을 동동 구르는 거예요. 의자도 넘어뜨리고요. 그러고는 이렇게 소리쳤어요.

"빨리 와 보세요. 새만 한 이 나방들을 좀 보세요! 제 방에 한가득 있어요!"

나는 바로 달려갔어요. 가서 보니 아이처럼 흥분하고 소리를 지를 만한 이유가 있었어요. 큰 공작산누에나방이 우리 집을 점령해 버린 거예요. 처음 겪는 일이었어요. 네 마리는 잡아서 곤충장에 넣었지만, 더 많은 공작산누에나방이 천장에서 날아다니고 있었어요.

이 광경을 보니, 아침에 곤충장에 넣어 뒀던 공작산누에나방이 떠올랐어요.

"폴, 옷을 제대로 입으렴. 네 곤충장은 여기에 두고 같이 가 보자. 재밌는 장면을 보여 줄게."

우리는 집 오른편에 있는 연구소로 내려갔어요. 주방에서 가사도우미를 만났는데 그 또한 공작산누에나방 때문에 난리가 난 것을 보며 어리둥절해했어요. 도우미 앞치마에서 넓은 옷소매로 옮겨 붙은 공작산누에나방을 쫓아서 잡았어요.

공작산누에나방들이 이렇게 많이 모여들면 암컷 공작산누에나방에게는 무슨 일이 벌어질까요?

촛불을 들고 연구소로 가 봤어요. 연구소에서는 정말 잊을 수 없는 광경이 펼쳐지고 있었어요. 공작산누에나방들이 파닥거리며 곤충장 근처에서 잠시 머무르다가 날아가고 다시 돌아오기도 하고 또는 천장까지 날아올랐다가 다시 내려오고 있었어요. 촛불을 향해 달려드는 바람에 촛불도 꺼지고 말았지요. 우리 어깨로 달려들었다가 옷에 붙기도 하고 날개가 얼굴에 스치기도 했어요.

얼마나 많았느냐고요? 연구소에는 20마리 정도 있었어요. 주방에서 길을 잃은 공작산누에나방과 아이들 방에 있는 녀석들, 그외 집 안에 있는 공작산누에나방까지 합하면 40마리 정도였어요. 말했던 것처럼 정말 잊을 수 없는 밤이었어요. 그야말로 공작산누에나방의 밤이었지요. 여기저기에서 나타난 40여 마리의 사랑에 빠진 수컷 공작산누에나방들은 아침에 연구소에서 깨어난 암컷 공작산누에나방에게 구애하고 있었어요.

삶의 유일한 목표인 짝짓기를 위해서 수컷 공작산누에나방에게는 한 가지 타고난 능력이 있어요. 멀고 어둡고 장애물이 있어도 암컷이 어디에 있는지 알아낼 수 있는 능력이지요.

매일 밤, 암컷의 곤충장을 다른 곳으로 옮겨 봤어요. 집의 오른편에 있는 거실이나 2층 방에 두거나, 집에서 왼쪽으로 50미터 정도 떨어진 곳에 두기도 하고, 야외나 멀리 떨어진 곳에 숨겨 두기도 했지요. 수컷을 따돌리기 위해 곤충장을 갑자기 옮기며 아무

리 복잡한 방법을 써 봐도 수컷이 암컷을 찾아내는 데는 전혀 문제가 없었어요. 수컷을 속이느라 시간을 낭비하고 괜히 장난만 친 셈이 되었지요.

매일 밤, 수컷 공작산누에나방은 12~20마리 혹은 그보다 더 많은 무리를 지어 찾아왔어요. 배가 불룩한 암컷 공작산누에나방은 힘이 세요. 또한 곤충장 철망에 달라붙어서 조금도 움직이지 않아요. 날개조차 말이에요. 무슨 일이 일어나든 무관심해 보여요. 가족 중에 후각이 가장 예민한 사람이 혹시 무슨 냄새를 풍기는지 맡아 봤지만 아무 냄새도 나지 않았어요. 청각에 예민한 사람도 아무 소리를 듣지 못했고요. 암컷 공작산누에나방은 가만히 생각에 잠겨 기다리기만 했어요.

그런데도 두 마리, 세 마리 혹은 그보다 많은 수컷이 끝도 없이 곤충장 위에 앉거나 사방에서 달려들기도 하고 날개 끝으로 곤충장을 후려치기도 했어요. 하지만 수컷끼리 싸우지는 않았어요. 사랑에 빠진 곤충치고는 질투도 없이 각자 최선을 다해 곤충장 안으로 들어가려고만 했어요.

하지만 헛된 시도에 지치고 만 수컷들은 날아가 버리거나 빙빙 돌면서 서로 뒤엉켜 날아다녔어요. 실망한 수컷 공작산누에나방들은 창문으로 날아갔고 그만큼 다른 수컷들이 새로 도착했어요. 저녁 8시가 되어도 수컷 공작산누에나방의 시도는 끝나지 않았어요. 지친 수컷들은 날아가 버리고 새로운 수컷들이 계속 도착했어요.

# 세줄호랑거미
**-8권 22장**

가늘고 긴 다리를 가진 세줄호랑거미는 아무리 작은 먹잇감이면 모두 좋아해요. 그래서 메뚜기가 뛰어다니고 나방, 파리, 잠자리들이 날아다니는 곳이면 세줄호랑거미를 볼 수 있어요.

세줄호랑거미의 사냥 도구는 직선을 이어 만든 큰 망이에요. 망의 끝은 주변에 있는 잔가지와 거미줄로 이어져 있어요. 여느 거미들의 거미줄 구조와 같지요. 중심에서부터 세로줄이 일정한 간격으로 퍼져 있고 축 역할을 하는 짧은 세로줄 위로 가로줄이 중심에서부터 소용돌이 모양으로 이어져 있어요.

거미줄의 중심에서부터 끝부분까지 불투명하고 굵은 거미줄이 세로줄 사이에 지그재그로 놓여 있어요. 이 무늬가 세줄호랑거미 거미줄의 특징이에요.

세줄호랑거미는 거미줄의 중심인 바퀴통에서 다리를 쫙 편 채, 움직이지 않고 때를 기다려요. 활발한 메뚜기가 자주 이 거미줄에 걸려들지요.

세줄호랑거미는 거미줄에 걸린 메뚜기를 꽁무니 쪽으로 잡아요. 그러고는 꽁무니 끝에 꼭지처럼 달린 실샘에서 거미줄을 뽑아내 다리로 빠르게 먹이를 돌리며 감싸요.

먹이가 거미줄에 감겨 움직이지 못하면 세줄호랑거미가 다가가요. 독샘이 있는 독니로 메뚜기를 살짝 깨문 후 메뚜기 몸에 독이 퍼질 때까지 기다려요.

잠시 후 메뚜기가 꼼짝도 하지 않으면 다가가 체액을 빨아먹어요. 그리고 체액이 빠져 말라 버린 메뚜기를 거미줄 밖으로 버리고 다시 바퀴통으로 돌아와 먹이가 걸리기를 기다려요.

# 거미의 진동기, 거미줄
- 9권 9장

실험중인 6종의 왕거미 가운데 십자가왕거미(*Araneus deadematus*)와 누에왕거미(*Aragiope lobata*)의 2종만 뜨거운 햇볕에도 거미줄 한가운데서 자리를 지키고 있어요. 다른 거미들은 보통 밤이 되어야만 모습을 드러내요. 이 거미들은 거미줄에서 조금 떨어져 있는 나뭇잎 사이에 숨어 있어요. 거미줄을 지탱해 주는 나뭇잎 뒤에서 먹이를 기다리는 거예요. 낮 동안은 대부분 그곳에서 움직이지 않아요.

끈적이는 거미줄이 밤사이에 찢어졌지만 그래도 제 역할을 다해요.

그런데 먼 곳에 숨어 있는 거미가 조심성 없는 곤충이 거미줄에 걸려들었는지를 알아차릴 수 있을까요? 걱정하지 마세요. 거미는 이런 행운을 금세 알아차리고 달려오니까요. 어떻게 아는 것일까요? 지금부터 설명해 볼게요.

거미는 먹이를 눈으로 발견하기보다는 거미줄의 진동으로 알아채요. 어떻게 알아채는지 매우 간단한 실험으로 알 수 있어요.

이황화탄소로 잠시 마비시킨 메뚜기를 거미의 거미줄 위에 두었어요. 거미줄 위쪽이나 아래쪽 또는 바퀴통에서 가만히 있는 거미 옆에 메뚜기를 두기도 했어요.

그런데 거미는 메뚜기가 바로 앞에 있어도 다가가거나 움직이지 않고 자리를 지키고 있어요.

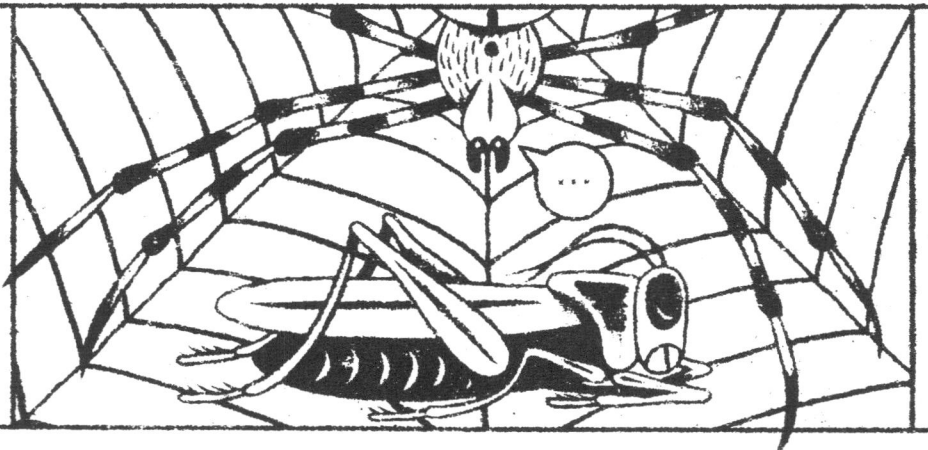

메뚜기가 있는데도 관심을 보이지 않아서 기다리다가 지칠 정도였지요.

이번에는 나뭇잎 뒤에 숨어서 기절한 메뚜기가 움직이도록 건드려 보았어요.

아주 살짝만 건드렸을 뿐인데 십자가왕거미와 누에왕거미가 바퀴통에서 달려왔고 다른 거미들도 나뭇잎에서 내려왔어요. 모든 거미가 살아 있는 먹이를 잡았을 때 그러는 것처럼 메뚜기를 잡고서 거미줄로 감쌌어요. 거미들은 거미줄의 움직임으로 먹이가 걸린 것을 알아차린다는 것을 알 수 있지요.

그렇다면 거미들은 어떻게 거미줄의 움직임을 통해 먹이가 걸렸음을 알게 될까요? 먹이를 직접 보고 아는 것은 아니에요. 거미는 먼 데 있는 것을 잘 보지 못하는 심한 근시이니까요. 그래서 아무리 가까운 거미줄에 먹이가 있어도 그 먹이가 꼼짝도 하지 않으면 알아차리지 못해요. 그래서 눈이 아예 안 보이는 것은 아니지만 딱히 시력이 필요하지 않은 깊은 밤에 대부분 사냥을 해요.

이럴 때, 원격으로 정보를 알려 줄 기계가 정말 필요해요. 이런 기계가 있다면 어떤 어려움도 없을 거예요.

낮에 숨어 지내는 거미들의 거미줄 뒤에서 조용히 지켜보아요. 이 거미줄을 보세요. 세로줄이 바퀴통에서 출발해 비스듬히 뻗어 나가요. 거미들은 낮에 이 세로줄 위에서 가만히 있어요. 거미줄 가운데 부분을 제외한 테두리 바깥쪽에 있는 세로줄은 가로줄과 겹치지도 않고 교차하지도 않아요. 바퀴통에서부터 거미들이 숨어 있는 나뭇잎까지 곧바로 거미줄이 이어져 있어요.

틀림없이 세로줄이 거미의 이동 통로일 거예요. 급한 일이 발생하면 세로줄로 서둘러 이동하고 여기저기 둘러본 후 돌아올 때도 세로줄을 이용하는 거지요. 관찰해 보니, 실제로 거미들은 그 길로만 다녔어요. 그런데 먹이가 걸린 것을 알 수 있게 하는 것이 세로줄뿐일까요?

왜 이 세로줄은 다른 곳도 아닌 거미줄의 바퀴통에서 항상 시작하는 것일까요? 그 이유는 세로줄이 항상 가로줄과 교차로 이어져 있기 때문이에요. 그래서 진동을 알려 주는 중앙 센터가 되는 거지요. 거미들은 거미줄 위에서 움직이는 모든 것을 진동을 통해서 알아채요. 바퀴통에서 출발하는 세로줄만 있으면 거미줄 어딘가에서 몸부림치는 먹이의 존재를 알 수 있어요. 마치 줄을 통해 신호를 주는 진동기 같은 거예요.

그럼 진동기를 실험해 보아요. 거미줄 위에 메뚜기를 뒀어요. 메뚜기가 몸부림치네요. 그때 거미가 은신처에서 나와 이동 통로로 내려와요. 메뚜기에 달려들어 실로 친친 감아요. 이런 광경은 지금까지 본 것과 다르지 않아요. 잠시 후, 거미가 실로 고정시킨 메뚜기를 들어 올려 은신처로 가져가요. 그곳에서 오랜 시간 식사를 할 거예요. 여기까지도 새로운 사건은 없어요. 평소 거미의 행동과 같지요.

실험하기 전에 며칠 동안을 자유롭게 내버려 뒀던 거미에게 이번에도 메뚜기를 먹이로 주기로 했어요. 이번에는 거미줄이 흔들리지 않도록 세로줄 일부분을 가위로 잘랐어요. 미리 진동기를 고장 낸 거예요. 이제 메뚜기를 거미줄 위에 두었어요. 실험은 성공적이에요. 메뚜기가 발버둥 쳐서 세로줄이 움직였지만 중간에 진동이 끊어지는 바람에 무슨 일이 일어나는지 알길 없는 거미는 무심하게 꼼짝도 하지 않았어요.

왜일까요? 진동기가 고장 나서 거미줄이 움직이고 있다는 것을 알려 주지 못했기 때문이에요. 게다가 먹이가 너무 멀리 있어서 볼 수도 없으니 전혀 알 수가 없었지요. 오랜 시간 메뚜기가 계속 버둥거리는데도 거미는 무관심해요. 그래도 계속 지켜보기로 했어요. 드디어 거미가 이상한 낌새를 알아차리고 무슨 일이 있는지 알아보러 왔어요. 거미줄이 가위에 끊어져서 팽팽한 거미줄을 다리로 더 이상 느낄 수가 없었던 거예요. 거미가 세로줄 위로 문제없이 메뚜기에게 다가왔어요. 끊어졌던 거미줄을 곧바로 고쳐서 진동기를 다시 작동시켰어요. 거미는 먹이를 가지고 세로줄을 통해 다시 돌아가요.

한 가지 더 설명할게요. 거미줄은 종종 바람에도 흔들려요. 세로줄이 바람에 흔들려 팽팽해지면 진동기가 당연히 작동해요. 하지만 이런 진동에는 관심을 두지 않아서 거미는 달려 나오지 않아요. 거미줄이 우리가 사용하는 전화기처럼 소리로 미세한 진동을 전달하는 기계보다 더 나은 거지요. 우리가 전화기를 손으로 잡는 것과 마찬가지로 거미는 거미줄을 다리로 잡을 뿐이에요. 거미는 다리로 미세한 진동을 알아차려요. 먹이가 걸려서 움직이는 것인지 바람 때문에 움직이는 것인지도 구별한답니다.

# 나르본느타란튤라
### -8권 23장

    8월 초, 울타리 아래에서 아이들이 나를 불렀어요. 아이들은 로즈메리 밑에서 방금 발견한 것을 보며 즐거워하고 있었어요. 아이들이 발견한 것은 바로 산란을 앞두고 배가 불룩하게 불은 거대한 나르본느타란튤라(일명, 독거미 검정배타란튤라)였어요.

    모래로 가득 찬 단지에 뚜껑을 덮어 이 무시무시한 거미를 가두어 보았어요.

    10일 뒤, 산란을 준비 중인 나르본느타란튤라의 모습을 보고 놀랐어요. 모래 위에서 나르본느타란튤라가 실을 뽑아내기 시작해요. 뽑아낸 흰 실로는 모래 위에 둥글게 뭔가를 만들어요. 그 위에 알을 낳을 생각인 거예요.

    접시처럼 둥근 깔개의 가운데 부분을 약간 오목하게, 넓은 가장자리는 평평하게 만드네요.

    이제 알을 낳을 시간이에요. 빠른 속도로 한 번에 접시 안에 알을 낳아요. 알은 끈적거리고 연한 노란빛을 띠고 있어요. 어미 나르본느타란튤라는 다시 실을 뽑아 뚜껑을 만들어서 알 위로 덮어요. 마치 알이 담긴 둥근 비행접시 같아요.

    발톱으로 접시를 좌우로 흔들어 더러운 부분을 털어 내네요. 다리로 먼지를 떨어뜨려 없애기도 하고요. 이제 아주 깨끗한 알주머니가 완성됐어요. 끈적이지도 않아요. 알로 꽉 찬 주머니가 만들어진 거예요.

    오전 내내, 어미 나르본느타란튤라(이하 독거미라고 함)는 계속 실을 뽑아냈어요. 그러고는 피곤함에 지쳐서 다리로 알주머니를 안고 가만히 쉬고 있어요.

    다음 날, 독거미가 알주머니를 꽁무니에 붙이고 다니는 것을 발견했어요.

    새끼들이 부화할 때까지 독거미는 소중한 알주머니를 꽁무니에 붙여서 갖고 다니네요. 알주머니가 울퉁불퉁한 땅에 끌려 요동치고 있어요. 다리를 툭툭 치는데도 어미 독거미는 자기 일에만 열중하네요.

이 모습은 직접 봐야 해요. 독거미가 꽁무니에 자신의 보물을 달고 다니면서 자나 깨나 밤낮으로 돌보는 모습 말이에요. 독거미는 타고난 용감함으로 알주머니를 보호해요.

독거미의 알주머니를 핀셋으로 뺏으려고 해 봤어요. 그랬더니 불안한 듯 알주머니를 가슴에 더 꼭 안고 독침이 든 독니로 핀셋을 물면서 공격해요. 괴로워하는 소리가 들려요. 만약 내가 핀셋을 들고 있지 않았다면 거미는 순순히 알주머니를 빼앗기지 않았을 거예요.

핀셋으로 어미 독거미에게서 알주머니를 빼앗았어요. 독거미는 몹시 화가 났어요.

대신 다른 독거미의 알주머니를 줘 봤어요.

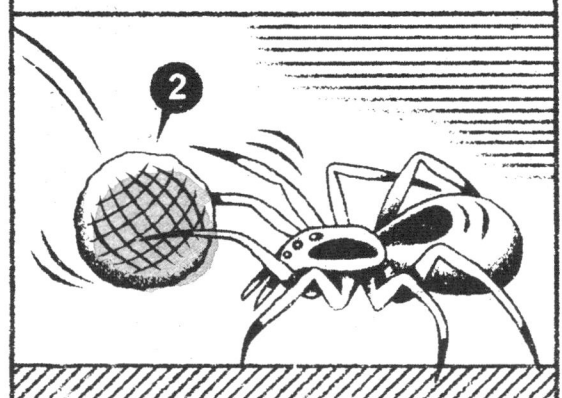

갈고리로 알주머니를 덥석 잡아 다리로 감싸더니 꽁무니에 매다네요. 다른 거미의 알주머니든 자신의 알주머니든 독거미에게는 다 똑같나 봐요. 남의 알주머니를 가지고 씩씩하게 사라지네요.

또다른 독거미로 다른 실험을 해 봤어요. 실험 결과 독거미의 착각은 놀라울 정도였어요. 독거미의 알주머니를 빼앗고 대신 색깔이나 질감은 같지만 형태가 전혀 다른 누에왕거미(*Argiope lobata*)의 알주머니를 독거미에게 줘 봤어요.

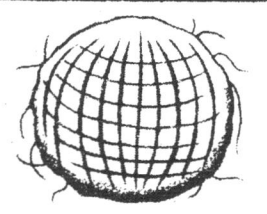 

독거미는 그 차이를 알아차리지 못했어요. 갑자기 다르게 생긴 누에왕거미의 알주머니를 덥석 잡아서 꽁무니에 붙이더니 마치 자신의 알인 듯 굉장히 만족스러워했어요.

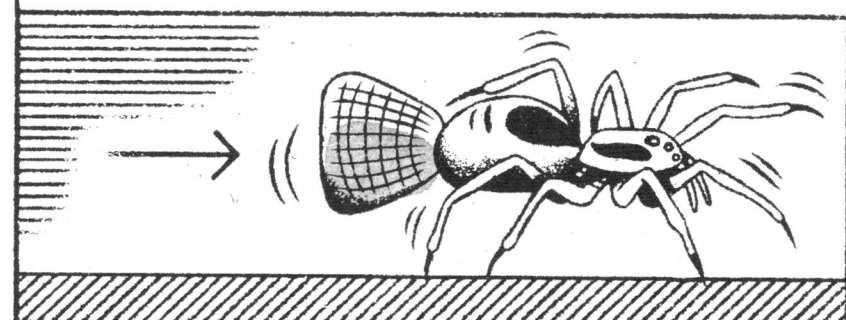

독거미가 얼마나 착각쟁이인지 더 자세히 알아보아요. 알주머니를 빼앗긴 독거미에게 이번에는 비슷한 크기의 코르크 구슬을 줘 봤어요.

실로 만든 알주머니와는 아주 달랐지만 독거미는 의심 없이 코르크 구슬을 돌봤어요.

보석처럼 빛나는 8개의 눈으로 무언가 이상하다고 느낀 것 같지만 바보 같은 독거미는 신경 쓰지 않아요. 사랑스러운 듯 코르크 구슬을 안아서 촉수로 쓰다듬어요. 그러고는 자신의 알주머니인 양 꽁무니에 매달고 다녀요.

이번에는 가짜와 진짜를 두고 고르도록 해 보았어요. 모래 위에 알주머니와 코르크 구슬을 두었지요. 과연 독거미는 자신의 알주머니를 구별할 수 있을까요?

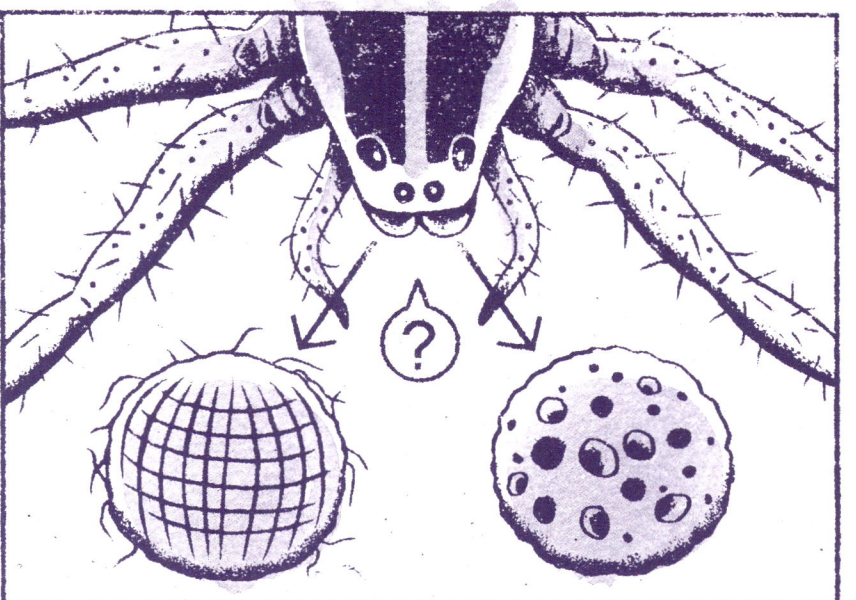

실망스럽게도 독거미는 자신의 알주머니를 구별하지 못했어요. 알주머니를 향해 돌진해 진짜 알주머니든 가짜 알주머니든 되는 대로 선택했어요. 달려들어 먼저 다리에 닿는 것을 선택한 거예요. 그러고 나서 바로 꽁무니에 붙였어요.

코르크 구슬의 수를 늘려서 6개의 구슬을 진짜 알주머니와 섞어 놓았어요. 하지만 독거미는 자신의 알주머니를 거의 찾아내지 못했어요. 좋든 싫든, 우연히 다리에 먼저 닿은 것을 선택했어요. 코르크 구슬이 더 많은 만큼 코르크 구슬을 더 자주 선택했지요.

독거미가 너무 바보 같아서 실망스러울 정도였어요.

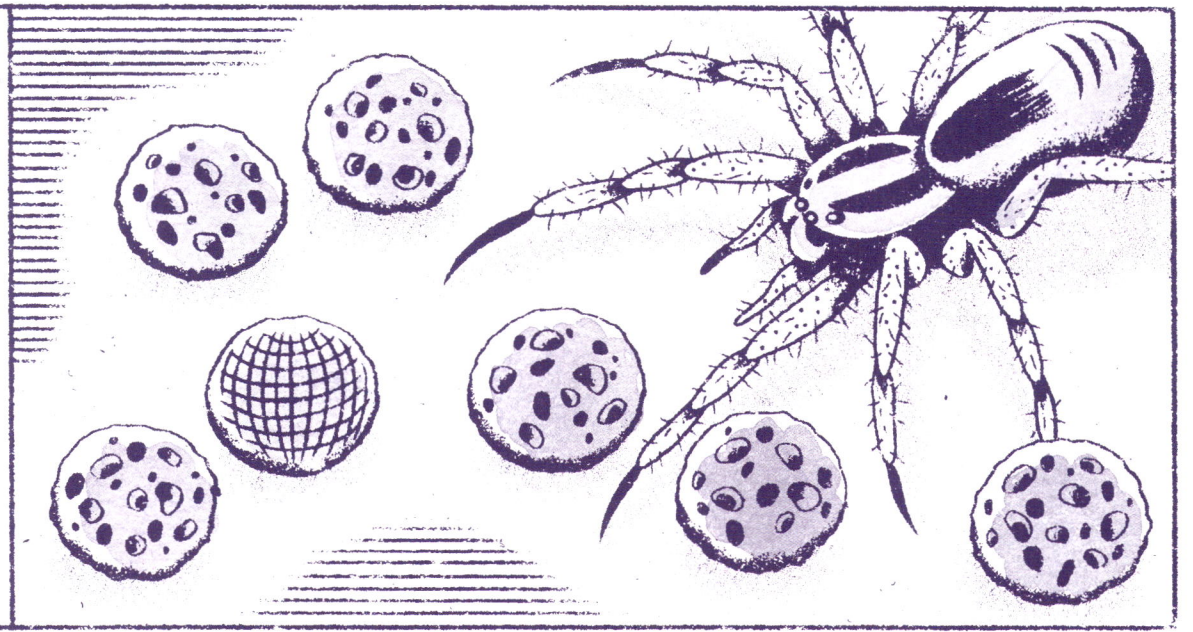

코르크 구슬이 부드러워서 독거미가 속아 넘어간 것일까요? 코르크 구슬 대신 실뭉치와 종이 뭉치로 바꿔 봤어요. 모두 실로 똘똘 감아서 동그랗게 만들었지요. 이번에도 독거미는 알주머니가 아닌 이 뭉치들을 여러 번 선택했어요.

혹시 금빛의 코르크 구슬이 흙이 묻은 알주머니 같고, 실과 종이 뭉치는 깨끗해진 알주머니 같아서 헷갈린 것일까요? 그래서 눈에 잘 띄도록 실뭉치를 빨간색으로 칠해 녀석에게 줘 봤어요. 하지만 이 빨간 실뭉치도 다른 것들과 마찬가지로 조심스럽게 가져갔어요.

9월 첫째, 둘째 주 사이에 드디어 새끼들이 부화했어요.

알주머니에서 수백 마리의 새끼가 나오자마자 어미 독거미의 등으로 기어 올라가더니 그 위에서 가만히 자리를 지키고 있어요. 어미의 등은 마치 다리가 뒤죽박죽으로 달린 동글동글한 구슬들로 만든 껍질 같아요. 살아 있는 껍질에 가려져서 어미 독거미는 보이지도 않아요. 부화가 끝나자 어미는 속이 빈 알주머니를 꽁무니에서 떼어내 버려요.

새끼들은 아주 얌전해요. 가만히 움직이지 않아요. 다른 새끼들을 밀어내며 넓게 자리를 차지하려고 하지도 않아요. 승차감 좋은 차를 얻어 탄 듯하네요. 이렇게 얌전히 무엇을 하는 것일까요? 새끼들이 오랫동안 생각에 빠지든, 볕이 좋은 날 일광욕을 하든, 어미 독거미는 좋은 계절이 돌아올 때까지 새끼들을 돌봐요.

추위가 매서운 1~2월에 폭우나 눈, 서리가 내리고 나면 독거미의 땅굴 입구가 대부분 무너져 내려서 파내야 할 때가 있어요. 그러면 새끼들을 부양하는 씩씩한 독거미를 만나게 되지요. 6~7개월 동안 어려움 없이 새끼들을 등에 태우고 꾸준히 교육을 해요.

힘든 계절 동안 내내 어미 독거미는 먹이를 거의 먹지 않아요. 기운을 차리기 위해 때때로 먹어야 할 때는 먹이를 찾아 집 밖으로 나와요.

먹이를 찾으러 가는 길은 위험해요. 작은 나뭇잎 하나가 스쳐도 새끼들이 땅으로 떨어질 수 있기 때문이에요. 떨어진 새끼들은 어떻게 될까요? 어미 독거미가 챙겨 줄까요? 그래서 다시 등에 타도록 도울까요? 어미는 수백 마리의 새끼 모두에게 골고루 신경을 써야 해요. 그래서 한 마리 혹은 여섯 마리, 아니 새끼 모두가 떨어져도 어미 독거미는 거의 걱정하지 않아요. 냉정한 어미는 그저 새끼가 스스로 문제를 해결하도록 기다릴 뿐이에요.

붓으로 새끼들을 모두 등에서 쓸어내 봤어요. 하지만 어미 독거미는 동요하거나 떨어진 새끼들을 찾으려고 하지 않아요. 모래 위를 조금 빠르게 걸어서 여기저기 떨어진 새끼를 만나면 다리를 쫙 펴고 기다릴 뿐이에요. 그러면 새끼들은 어미의 다리를 잡고 등 위

로 다시 기어 올라요. 새끼 한 마리도 놓치지 않아요. 새끼들이 올라타기 명수여서 어미는 새끼가 떨어져도 걱정하지 않아요.

새끼들을 데리고 다니는 독거미 주변에 다른 거미의 새끼를 떨어뜨려 봤어요. 떨어진 새끼들은 재빨리 새 어미의 다리를 잡고 등에 올라타요. 인정 많은 어미 독거미는 마치 자기 새끼인 양 올라오게 내버려 둬요.

자신의 새끼들로 이미 가득 찬 어미의 등은 정원이 초과해서 더는 자리가 없어요. 새치기한 새끼들은 등 앞쪽에 자리를 잡고 어미의 가슴까지 자리를 차지해요. 더 많은 새끼들을 돌봐야 하는 어미 독거미는 그래도 불평 한마디 하지 않고 평온하게 다른 새끼들을 받아들여 싣고 다녀요. 새끼들은 어미 등인지 구분하지 못하고 가짜 실뭉치에 오르기도 해요.

그런데 새끼들은 받아 주는 어미와 받아 주지 않는 어미를 구분할 줄 몰라요. 올라타기 명수인 새끼 거미들은 다른 거미라도 어미와 크기가 비슷하면 처음 만나게 되는 거미 등에 올라타요. 연한 주황색 등에 흰색 십자가 모양이 있는 와글러늑대거미(*Paradosa wagleri*)를 새끼들 앞에 두었어요. 독거미의 새끼들은 등에서 떨어지자마자 망설이지 않고 늑대거미 등에 올라타요.

이런 친근함을 참을 수 없는 늑대거미는 새끼들이 붙어 있는 다리를 흔들어 귀찮은 녀석들을 멀리 던져 버려요. 하지만 새끼들은 지치지 않고 계속 올라타요. 그래서 12마리 정도의 새끼가 다시 등으로 올라왔어요. 새끼들 때문에 간지러워 참을 수 없는 늑대거미는 당나귀처럼 등을 땅에 비비고 이리저리 뒹굴어요. 몇몇 새끼들은 다리를 다쳐 절름거리고 몸이 으스러지기까지 해요. 그래도 포기하지 않고 늑대거미가 잠시라도 멈추면 곧바로 다시 기어 올라가기 시작해요. 그러면 늑대거미는 또다시 등을 땅에 비비고 이리저리 뒹굴어요. 결국 겁 없는 새끼들은 여기저기가 다쳐서 늑대거미를 더이상 귀찮게 하지 않아요.

### 글 장 앙리 파브르

이 책은 프랑스의 곤충학자 장 앙리 파브르가 쓴 《파브르 곤충기(Souvenirs entomologiques, 〈곤충기〉)》의 내용을 부분적으로 뽑아서 그 부분에 해당하는 내용을 삽화와 함께 구성한 그림책입니다. 《파브르 곤충기》는 모두 10권으로 된 곤충의 관찰 기록을 담은 책으로, 부제는 〈곤충의 본능과 습성에 관한 연구〉이며, 1879년~1907년에 출판되었습니다. 파브르는 특유의 검정색 모자에 소박한 옷차림으로 종종 길가에 엎드려 곤충을 관찰했다고 합니다. 이런 모습을 본 주위 사람들로부터 미친 사람 취급을 받았다는 유명한 일화가 전해지고 있습니다.

### 그림 실비 베사

실비 베사는 프랑스 파리 근교의 소도시인 낭시에서 태어나 그곳의 국립 예술 학교(Ecole Nationale supetieure des Beaux-Arts)에서 공부했습니다. 낭시에 살면서 여러 가지 잡지와 신문에 필요한 삽화 작업을 하고 있습니다. 그밖에도 여러 종류의 텍스트, 다큐멘터리, 기사, 만화 등에 예술적 감각을 담아 삽화를 그렸습니다.

### 옮김 구영옥

이화여자대학교 통역번역대학원 번역학과를 졸업했습니다. 현재 번역 에이전시 엔터스코리아에서 출판 기획 및 전문 번역가로 활동하고 있습니다.

## 파브르가 사랑한 곤충

1판 1쇄 인쇄 2018년 11월 15일
1판 1쇄 발행 2018년 11월 30일

**글** 장 앙리 파브르 **그림** 실비 베사 **옮김** 구영옥

**펴낸곳** 도서출판 그린북 **펴낸이** 윤상열
**기획 및 편집** 윤인숙 김다혜 **표지 및 본문** 디자인 쏘굿
**마케팅** 이서윤 **경영관리** 김미홍
**출판등록** 1995년 1월 4일(제10-1086호)
**주소** 서울 마포구 망원대로 11길 23, 302호(망원동 두영빌딩)
**전화** 02-323-8030~1 **팩스** 02-323-8797
**이메일** gbook01@naver.com
**블로그** http://GREENBOOK.KR

ISBN 978-89-5588-357-2 77490

* 파손된 책은 구입하신 곳에서 바꾸어 드립니다.
* 이 도서의 국립중앙도서관 출판예정도서목록(CIP)은 서지정보유통지원시스템 홈페이지(http://seoji.nl.go.kr)와 국가자료공동목록시스템(http://www.nl.go.kr/kolisnet)에서 이용하실 수 있습니다.(CIP제어번호: CIP2018029872)

Bestioles
By Sylvie BESSAD(Illustrator)
By Jean-Henri FABRE(Author)
Bestioles © Éditions Milan, Frances, 2017
© Korean edition, Greenbook Publishing Co. 2018

이 책의 한국어판 저작권은 Icaris Agency를 통해 Editions Milan S.A.S.와 독점 계약한 그린북에 있습니다.
저작권법에 의하여 한국 내에서 보호를 받는 저작물이므로 무단 전재와 무단 복제를 금합니다.

| 어린이제품안전특별법에 의한 표시 | | | | |
|---|---|---|---|---|
| **품명** 어린이 도서 | **제조연월** 2018년 11월 | **제조국** 대한민국 | **전화번호** 02-323-8030 | **사용연령** 8세 이상 |
| **제조자명** 도서출판 그린북 | **주소** 서울시 마포구 방울내로 11길 23, 302호(망원동 두영빌딩) | | | |

* 이 책에 쓰인 하르방체, 제주감귤체는 오픈애즈에서 사용을 허락하였습니다.